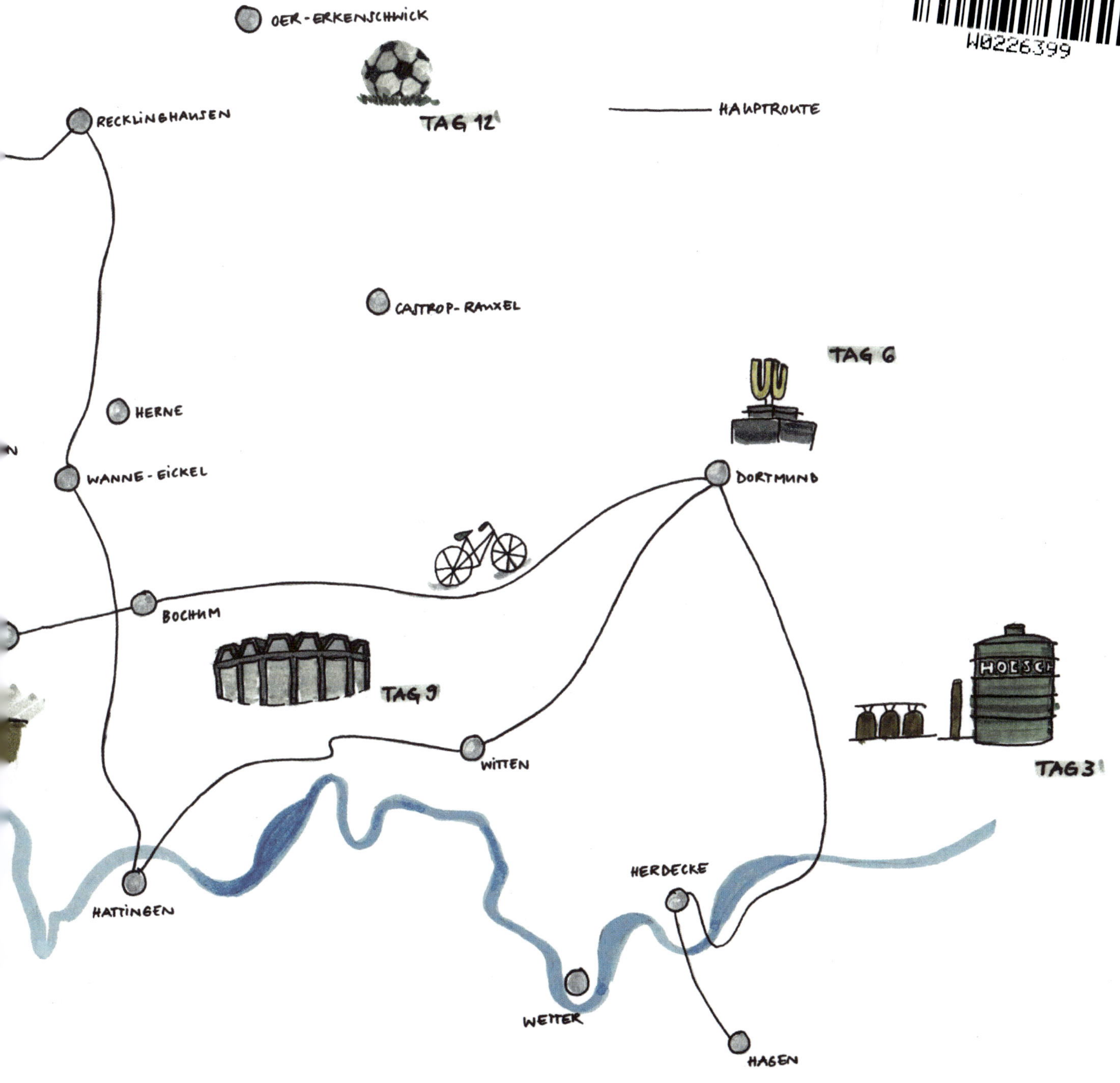
OER-ERKENSCHWICK
RECKLINGHAUSEN
TAG 12
HAUPTROUTE
CASTROP-RAUXEL
TAG 6
HERNE
WANNE-EICKEL
DORTMUND
BOCHUM
TAG 9
WITTEN
TAG 3
HATTINGEN
HERDECKE
WETTER
HAGEN

Stefan Thoben

Ein Traum in bunt

Entdeckung Ruhrgebiet

Stefan Thoben
Ein Traum in bunt
Entdeckung Ruhrgebiet

Umschlaggestaltung: Andrea Wong, www.andreawong.de
Titelfoto: BERO-Einkaufszentrum, Oberhausen

Karte und Illustrationen: Lisa Dinsenbacher
Fotos: Stefan Thoben
Satz und Layout: Andreas Reiffer
Lektorat: Martin Willems

Dieses Buch entstand mit freundlicher Unterstützung
durch den Landschaftsverband Westfalen-Lippe (LWL)

LWL
Für die Menschen.
Für Westfalen-Lippe.

Hergestellt mit Materialien aus verantwortungsvollen Quellen (FSC® C107574)

ISBN 978-3-945715-73-4

Verlag Andreas Reiffer, Hauptstr. 16 b, D-38527 Meine
www.verlag-reiffer.de

»Die Vorstellung, daß hier Menschen leben, mag dem Fremden phantastisch vorkommen.«
Heinrich Böll, 1958

»Der wenig freundliche Ruf des Ruhrgebiets speist sich aus seiner Vergangenheit, der nahen wie der ferneren. Kein blauer Himmel über der Ruhr. Ruß, der sich auf die Wäsche an der Leine legt. Schwerstarbeit unter Tage. Eine Arbeiterwelt mit einer Arbeiterkultur. Fußball und Taubenzucht und Schrebergärten und Kneipen. Kinder, aus denen Bergleute werden, wie die Väter und Großväter es ganz selbstverständlich waren. Diese nahe Vergangenheit ist zwar verweht, aber sie haftet an der Region wie Teer.«
Gerhard Spörl, 2017

»Wie das Land überhaupt aussah und wie die Menschen darin lebten, wußte man nicht und wollte man nicht wissen.«
Erik Reger, 1931

»Man glaubt sowieso recht wenig, wenn von den Idyllen des Ruhrgebiets die Rede ist. Vielleicht ist das sogar ganz gut, denn fünf Millionen Menschen in diesem größten Ballungsraum des Kontinents haben wenig Platz für allzuviele Zuschauer.«
Ulrich Hinz, 1980

Für Ilse Kibgis und Sufjan Stevens und die Stimmen,
die es noch zu entdecken gilt.

Inhalt

Dichter am Ruhrgebiet

Sowas hast Du noch nicht gesehen«, schwärmte ein Freund mir vor, ein ausgefuchster Ruhrgebietskenner, kurzum: »Echt klasse!« Werner meinte die Fotos und Texte von Stefan Thoben aus dem Ruhrgebiet. Und er hatte recht.

Nun hat unsereins, Mitte 50 und fast immer im Ruhrgebiet ansässig, schon eine Menge Bücher übers Revier gesehen. Und die meisten, vom *Merian*-Reiseführer bis zu Hochglanz-Stadtansichten zwecks Image-Politur, funktionieren nach einer ähnlichen Mechanik: Ja, das Ruhrgebiet ist nicht gerade der Starnberger See mit Alpen-Panorama, aber es gibt doch einige schöne Ecken, grüne besonders, und die zeigen wir jetzt mal, in aller Pracht, mit dem vor mehr als einem halben Jahrhundert verheißenen blauem Himmel über der Ruhr, und bei Sonnenschein ist sogar Duisburg schön.

Die andere Seite des Image-Bedarfs wird von Reportagen gefüttert, die das gegenteilige Extrem suchen: Bilder und Geschichten von Niedergang, Armut und Depravation, von Integrations-Defiziten und Zuwanderungskonflikten, die sich nirgends so anschaulich ballen wie in der Dortmunder Nordstadt, in Gelsenkirchen-Ückendorf oder Duisburgs Problemstadtteilen Marxloh und Hochfeld.

Dass einer mal all das und mehr noch die große, unspektakuläre Normalität in der Mitte und mit ihr auch die wirklichen Menschen und Dinge hier in den Blick genommen hätte, wohl wissend um die Geschichte all dessen: Das ist noch nicht vorgekommen. Ich wüsste jedenfalls nicht davon.

Und vielleicht brauchte es in der Tat jemanden wie Stefan Thoben, der den allergrößten Teil seines Lebens, bis auf einen flatterhaften Flirt mit dem BVB und einen Konzertbesuch in Essen, überhaupt nichts mit dem Ruhrgebiet zu tun hatte – und es selbst im Kulturhauptstadtjahr nur peripher wahrnahm. Der ohne alteingefräste Vorurteile hierherkommt und als Niedersachse gefeit ist vor jener Revierbesoffenheit, die sich hinterm rosa Brillenrand an Schweiß, Kohlenstaub, Zusammenhalt, Herzlichkeit und all den andern Klischees berauscht.

Vielleicht brauchte es einen, der auf den Tag genau 37 Jahre vor der Schließung der letzten Zeche im Revier zur Welt kam und den Kohlenpott bestenfalls als Auslaufmodell wahrgenommen hat. Vielleicht musste er sein Lebtag autolos sein und gemütlich mit seinem Rad durchs Ruhrgebiet fahren, das Nähe und Unmittelbarkeit spendet, um nicht vom hohen Ross hinter einem Reisebusfenster zu urteilen.

Und vielleicht musste es auch ein Verehrer von Farbfoto-Pionieren wie Stephen Shore und William Eggleston sein, deren Wirklichkeitsblick in der heimlichen deutschen Foto-Hauptstadt

Ruhrgebiet Joachim Brohm und Laurenz Berges weiterentwickelt haben, damit seine Bilder die Spur des Normalschönen und schön Normalen aufnahmen. So einer sieht dann auch die rostende, vom Gebrauch etwas abgenutzte Nachkriegsmoderne mit zuneigungsvollem Blick.

Wie es jeder gute (Reise-)Journalist macht, hat sich Stefan Thoben seinen Gegenstand gründlich erlesen, mit den älteren Reportagen von Heinrich Hauser, Joseph Roth und selbstverständlich Heinrich Böll, mit Romanen von Erik Reger bis Hilmar Klute, mit Lyrik von Ernst Meister und ironischem Pottspott von Frank Goosen.

Und natürlich: Die von außen kommen, sehen mehr, sehen anders. Jeder von uns guckt in der Fremde genauer hin als in den Kulissen des eigenen Alltags. Und niemand hier würde sich vornehmen, das Revier komplett zu durchqueren – kennt man doch, glaubt man, und man glaubt sogar, es verstanden zu haben. Dass die Eingeborenen das Ruhrgebiet in Wahrheit aber gar nicht gut kennen und nur glauben, es zu verstehen, ist kein Wunder, weil es im wahrsten Sinne unfassbar groß ist, in jeder Hinsicht. Wahrscheinlich ist es sogar eben diese Größe, von der die Menschen so eingeschüchtert sind, dass sie sich lieber auf ihren Kiez, ihr Viertel, ihren Stadtteil konzentrieren. Der Rüttenscheider sagt immer noch »Ich geh ma inne Stadt«, wenn er auf dem Weg in die Essener Innenstadt ist.

Man kann das Ruhrgebiet nicht kennen, eben weil es von allem so viel hat. Mit einer unvergleichlichen Ballung von unverhofft Schönem oder auch nur Gutem, wo es aber immer auch nicht weit ist bis zur nächsten Hässlichkeit, Dahingewurschteltheit, gebauten Gleichgültigkeit. Stefan Thoben hält diese Widersprüche aus, lässt die verschiedenen Gesichter des Ruhrgebiets nebeneinander stehen, ohne sie schönzureden oder unter einer These glattzubügeln; er weiß nach seiner »Grand Tour« vielleicht sogar mehr als die allermeisten, wie wenig er das ganze Ruhrgebiet gesehen hat. Er war seither noch etliche Male vor Ort, immer woanders, immer auf Entdeckungsreise. So gesehen erhält Bölls berühmter Satz vom unentdeckten Ruhrgebiet, auf den Thoben mit dem Untertitel seines Buches anspielt, eine ganz neue Lesart. »Ein Traum in bunt – Entdeckung Ruhrgebiet« lädt dazu ein, sich selbst aufzumachen, um das Ruhrgebiet mit anderen Augen zu sehen.

Jens Dirksen

Coca-Cola
Coke

Einleitung

Zwischen Dortmund und Duisburg ist Weiß nur ein Traum«, »ein riesiges Dorf mit sechs Millionen Einwohnern« und »graue Straßen, in denen nicht einmal die Reklameschilder bunt zu sein scheinen«: Drei beispielhafte Formulierungen, mit denen Heinrich Böll ein tristes und biederes Bild vom Ruhrgebiet zeichnete, nachdem er es 1957 mit dem Fotografen Chargesheimer bereist hatte. Das Buch *Im Ruhrgebiet* erzürnte die Bürgermeister und Verbandsdirektoren des Reviers, die die »Schwarzmalerei« der beiden Kölner inmitten der Wirtschaftswunderjahre für rückständig und imageschädigend hielten. »Die Ruhrgebietsstädte sind es gründlich leid, von Außenseitern in einer Weise dargestellt zu werden, die nicht einmal mit der Realität der Gründerjahre übereinstimmt, geschweige denn mit der Gegenwart«, echauffierte sich Essens Oberbürgermeister Wilhelm Nieswandt. Während 1957 noch knapp eine halbe Million Menschen auf 141 Kohlezechen malochten, hatte sich ein Kernproblem bereits manifestiert: die mühselige Angelegenheit, Eigen- und Fremdwahrnehmung in Einklang zu bringen.

Selbst als Kohlekrise und Strukturwandel der Region ein neues Gesicht verpassten und der Himmel wieder blau wurde, hielt sich der Ruf vom rußigen Ruhrpott hartnäckig. In den 80ern erkannte die *taz* eine fortschreitende »Imageneurose«. Eine Diagnose, die der preisgekrönte Schriftsteller Erik Reger interessanterweise schon ein halbes Jahrhundert zuvor gestellt hatte: »Der Mangel an Großstadtsubstanz verursacht jene innere Unsicherheit, die in fieberhaftem Betätigungsdrang einen Ausgleich sucht. Nichts erscheint erstrebenswerter als die Imitation der Weltstadt-Mondänität.«

Am 21. Dezember 2018 hat die letzte Zeche den Betrieb eingestellt. Hat der Kohlenpott, in dem keine Kohle mehr gefördert wird, eine neue Bestimmung und Identität gefunden? Wird die »Metropole Ruhr« dem weltstädtischen Charakter, der in dieser Selbstbezeichnung mitschwingt, mittlerweile gerecht? Wieviel Provinz steckt noch in dem Landstrich, der vor der Industrialisierung den beschaulichen Namen Ruhrland trug? Und wie verhält es sich mit all den alten und neuen Klischees, die über das Ruhrgebiet kursieren?

Ich war erst ein einziges Mal wirklich bewusst im Ruhrgebiet, 2015 ein Wochenende in Essen – damals ist dieses Foto entstanden. Ansonsten ist der größte Ballungsraum Europas für mich Terra incognita geblieben. Deshalb habe ich beschlossen, diesen Sommer mal nicht ins Flugzeug zu steigen, sondern meinen Urlaub 200 Kilometer entfernt zu verbringen: im Ruhrgebiet!

Tag 1, Hagen-Wehringhausen

»Du bist cool so, wie Du bist« – unter diesem Titel erschien im Sommer 2018 ein Reisebericht von Nilz Bokelberg in der *taz*. Es war eine zarte Annäherung an das Ruhrgebiet, und fast so etwas wie eine Liebeserklärung. Beim Lesen schoss mir durch den Kopf: Da muss ich hin!

Tag 1, Hagen

Nilz Bokelberg startete seine Tour durchs Revier in Moers. Für mich geht's in die umgekehrte Richtung: Hagen, das Tor zum Sauerland, ist für mich das Tor zum Ruhrgebiet. »Wie konnte es sein, dass sich in dieser wunderschönen, waldreichen Landschaft eine dermaßen hässliche Stadt ausbreiten konnte?«, fragt Hilmar Klute in seinem Roman *Was dann nachher so schön fliegt*. »Hagen war eine ins Auge betonierte Erinnerung daran, dass es in der Welt neben dem Erhabenen auch das Misslungene geben muss.«

In keiner Gegend Deutschlands liegen Erhabenes und Misslungenes so nah beieinander wie im Ruhrgebiet – diese These gilt es in den kommenden vier Wochen zu überprüfen. Bokelberg urteilte nach seiner Wanderung von Moers nach Dortmund, das Ruhrgebiet sei »wirklich das Westdeutscheste, was man erleben kann«. Die Wahl meines ersten Hotels fällt da nicht schwer: das in den 50ern eröffnete Cityhotel Deutsches Haus.

Und die Reise geht gleich traumhaft los, als ich von einer spätabendlichen City-Erkundung zurückkehre und der Hotelnachtwächter über den Hitzesommer schimpft: »Meine Wohnungsdämmung, die ist platonisch. Die funktioniert nur philosophisch!« Da komme ich mir vor wie in einem Roman von Clemens Meyer (der auch aus dem Pott sein könnte). Hallo Westdeutschland – hallo Ruhrgebiet!

Wandgestaltung von Lars Breuer (Künstlergruppe Konsortium, 2016).

Tag 1, Villa Hohenhof

Ich mag Hagen und seine Impulse.

Die Jugendstilvilla Hohenhof wurde zwischen 1906 und 1908 nach Entwürfen von Henry van de Velde für den Hagener Industriellenerben und Kunstmäzen Karl Ernst Osthaus erbaut und eingerichtet. »Die Schönheit wieder zur herrschenden Macht im Leben« zu machen: So lautete die – in der rauen Fabrikstadt Hagen außerordentlich ambitionierte – Vision von Osthaus. Der sogenannte Hagener Impuls erwies sich als Wegbereiter der Moderne. Ohne die Netzwerke, die sich durch und um Osthaus in Hagen gebildet hatten, ist das Bauhaus undenkbar. Den jungen Walter Gropius, der 1919 zum ersten Bauhaus-Direktor wurde, vermittelte Osthaus 1908 in das Büro von Peter Behrens, das zur Schmiede einiger weltberühmter Architekten und von Osthaus mit Aufträgen versorgt wurde. Auch als Kunstsammler war Osthaus seiner Zeit voraus: 1903 tätigte er für das von ihm in Hagen gegründete Museum Folkwang den ersten Van-Gogh-Ankauf eines deutschen Museums. Das *Porträt Armand Roulin* und Osthaus' illustre Kunstsammlung sind heute in Essen zu bewundern.

Das von Henry van de Velde gestaltete Arbeitszimmer in der Villa Hohenhof. © VG Bild-Kunst

Tag 1, FernUniversität Hagen

Fernuni von nah.

Tag 1, Karl-Ernst-Osthaus-Strasse

»Ich stellte mich auf die andere Straßenseite, gleich neben die Tankstelle – der poesiefernste Ort, den ich mir denken konnte.«
(Hilmar Klute, *Was dann nachher so schön fliegt*, 2018)

Tag 2, Brandt Zwieback Hagen

Hagen, du bist doch ganz sweet. Nicht nur deine Brandt-Biskuits. Du hast mich mit blauem Himmel und bestem Wetter empfangen. Ich habe gedacht du wärst größer. Hinter der alten Keksfabrik bin ich plötzlich schon in Gevelsberg – ich werde mich bald an Ortsschilder gewöhnen, die auf der Rückseite nicht durchgestrichen, sondern beidseitig mit Ortsnamen beschriftet sind. Radwege fehlen dir noch. Der kurze Radweg entlang der Ennepe ist ein guter Anfang. Ich komme heraus am Hasper Hammer, das klingt catchy, und fahre weiter nach Wehringhausen, das ist echt cool. Läge das in Berlin, wären die Mieten sicher doppelt so hoch. In ihrer Hagen-Hymne *Komm nach Hagen* empfahl die NDW-Band Extrabreit schon 1982, Berlin und Hamburg den Rücken zu kehren und bei dir das Glück zu suchen. Extrabreit, Nena und die Humpe-Schwestern stürmten mit der Hagener Welle die deutschen Charts. Dazu gesellten sich Punkbands mit fantastischen Namen wie Caprifischer, DIN-A-4, Erste weibliche Fleischergesellin nach 1945, Jägerschnitzel, Hemmungslose Erotik und Tirami Su. Wenige Städte pulsierten so wie du, Hagen.

Heute wird mir erzählt, dass der Doppelwachholder (mit Doppel-H!) aus der 200 Jahre alten Familienbrennerei schwer angesagt ist und liebevoll Hasper Maggi genannt wird. Ich verzichte auf den Traditions-Gin und radel lieber stundenlang herum, komme durch weitläufige Gewerbegebiete und Wasserloses Tal. Ich bestaune eine Rundturnhalle (Basketballhochburg bist du bis heute geblieben), freue mich über deine nachkriegsmoderne Architektur und sehe gründerzeitliche Bauten, an denen zu erkennen ist, dass du schon bessere Zeiten erlebt hast. Der Hagener Impuls ließ dich so richtig aufblühen, davon zeugt deine Villa Hohenhof. Von da ist es nicht mehr weit, die Fernuni aus der Nähe zu betrachten. Und im Osthaus-Museum: eine klasse Fotoausstellung mit Renger-Patzsch und den Bechers (S. 141). Hagen, du bist nicht hässlich und misslungen! Der Herr Klute hat übertrieben – ein klarer Fall von literarischer Zuspitzung. Bloß wieso hast du nach deinem größten Dichter Ernst Meister nur einen ordinären Platz benannt und nicht gleich die ganze Berliner Straße, wo er bescheiden lebte? Ein Satz für die Ewigkeit: »Du darfst nur nicht Liebe verraten«!

Tag 2, Hagen-Altenhagen

Weiter nach Herdecke und Wetter – »an den bunt besprühten Wänden alter Bahnhöfe vorbei, den Graffiti-Sprüchen, die sich langweilig wiederholten, immer dasselbe abgegriffene Zeug, dieselbe Anarchie- und Peace-Symbolik. Gebt mir eine Spraydose in die Hand, ihr verschlafenen Hagener! Ich schreibe es euch mit blauer Farbe auf die Mauern eurer grauen, müden Stadt: Du darfst nur nicht Liebe verraten.« (Hilmar Klute, *Was dann nachher so schön fliegt*, 2018)

Tag 2, Wetter

Wetter (bester Ortsname): heiß!

Tag 2, Ruhr-Viadukt Herdecke

»Wetter. Ein kleiner Ort oberhalb der Ruhr. Ich entschied mich dafür, bis Herdecke zu fahren, dort ein Eis zu essen [...]. Die Landschaft veränderte sich, große Eisenbahnviadukte überwölbten das immer abschüssiger werdende Flusstal, das Pathos der Industrialisierung hatte sich in die Natur eingeschrieben; alles sollte dem Fortschritt dienen, kein Weg nutzlos ins Nirgendwo münden. Man hörte noch den Nachklang der ratternden Eisenbahnen, das Scheppern der Kohlewagen auf den Schienen hoch über den Bäumen. Stadt Land Dorf bildeten zusammen eine einzige Großküche für den Fortschritt, die Idee der feierlichen Ausbeutung von Natur und Rohstoff. Dazwischen die kleinen, seinerzeit ebenfalls zum Zweck der Krafterhaltung künstlich angelegten Seen, auf denen jetzt Ausflugsschiffe fuhren, die Schwalbe hießen oder Harkort. Die Schönheit war ein Abfallprodukt der Zweckmäßigkeit.«
(Hilmar Klute, *Was dann nachher so schön fliegt*, 2018)

Tag 3, Rheinischer Hof Herdecke

Herdecke, kennst du *Was dann nachher so schön fliegt*? Ein toller Roman von Hilmar Klute, und du kommst darin vor. Der Ich-Erzähler heißt Volker Winterberg, und mit ihm habe ich dich kennengelernt. »Als ich in Herdecke ankam, fühlte ich mich auf einmal im Kleinstädtischen geborgen.« Ja, das trifft es gut. Du scheinst ein beliebtes Familienurlaubsziel zu sein. Meine erste Entdeckung: eine Minigolfbahn. Du hast noch eine zweite, auch an der Ruhr, die heißt Klute's Minigolf-Oase. Ein Zufall?

In meinem Hotel habe ich mich auch gleich geborgen gefühlt. In großelterlicher Nostalgie! Alles so schön altbacken. Ist bei dir irgendwann mal die Zeit stehen geblieben?

Gestern radelte ich nach Wetter, bewunderte das Ruhr-Viadukt, radelte von Wetter zurück und bewunderte das Ruhr-Viadukt. Und folgte wieder den Spuren Volker Winterbergs: Ich stellte mein Fahrrad auf dem Platz in der Innenstadt ab, setzte mich draußen vor das Eiscafé und faltete die großformatige Karte mit den Eisbechern auf. Die Winterbergsche Hypothese lautet, dass diese Eisbecherfotos weniger gut aussähen als die realen Eisbecher, die einem serviert würden. Was interessant sei, denn sonst vermittele die Lebensmittelfotografie ja meist einen viel günstigeren Eindruck von den Speisen. Nur bei Eisbechern verhalte es sich eben merkwürdigerweise umgekehrt. Ich bestellte ein Spaghettieis (Winterberg wählte den Amarenabecher, bäh!), verglich es mit dem Spaghettieis-Foto und stellte fest, dass meins kleiner war als angepriesen (Winterberg fand »beide gleich gut«). Kannst du mir noch folgen, liebes Herdecke? Lies am besten das Buch, ich habe es geliebt!

Beim Frühstück habe ich erfahren, dass die Zeit dich doch langsam einholt. Du bist ziemlich teuer geworden; die Gentrifizierung hält leider auch bei dir Einzug. Dein neues Quartier Ruhr-Aue habe ich nicht verstanden. Ist das nicht etwas zu bonzig für dich? Das Kleinstädtische ist doch so viel liebenswerter!

Krombacher

Tag 3, Dortmund

Ein Klassiker der Ruhrgebietsfotografie: Landschaftsidyll vor Industriekulisse.

Ehemaliges Hoesch-Hochofenwerk und Gasometer in Phoenix-West – fotografiert auf dem Weg von Herdecke via Hohensyburg nach Dortmund.

Tag 4, Dortmund

Längst nicht mehr grau: Dortmund ist ein Hotspot für Street-Art.

»Und wenn er vom Bergbau und vom Vater erzählt, spricht aus ihm auch das Heimweh nach einer Welt, die bevölkert war von wilden Kerlen mit schwieligen Händen, die, Asche auf ihrem Haupt, in den Kneipen gleich neben den Zechen ihre Lohntüten versoffen. Es ist eine Welt, die es nicht mehr gibt, seit die Schlote nicht mehr rauchen. So wird seine Erzählung zur Fabel einer Region, die einen langsamen Tod gestorben ist, nachdem ihr die Maschinen abgestellt wurden. Weil mit dem Grau auch die Arbeit gegangen war.«
(Lucas Vogelsang & Joachim Król, *Was wollen die denn hier?*, 2019)

Mural des polnischen Duos Sepe & Chazme

Hinterhofkatze in der Adlerstraße

Graffiti im alten Hochofenwerk Phoenix-West

Wandbild von Rodrigo Branco im Unionviertel

Tag 4, Signal Iduna Park

Schön, als alter BVB-Fan mal wieder im Stadion zu sein. Beim letzten Mal war's noch nicht das größte Fußballstadion Deutschlands, und Stéphane Chapuisat stand auf dem Platz. Das Trikot (mehr schwarz als gelb) des Schweizer Torjägers liegt seit zwanzig Jahren auf meinem Dachboden. Hat Chapuisat eigentlich einen eigenen Stern auf dem BVB Walk of Fame? Bisher habe ich ihn nicht entdeckt …

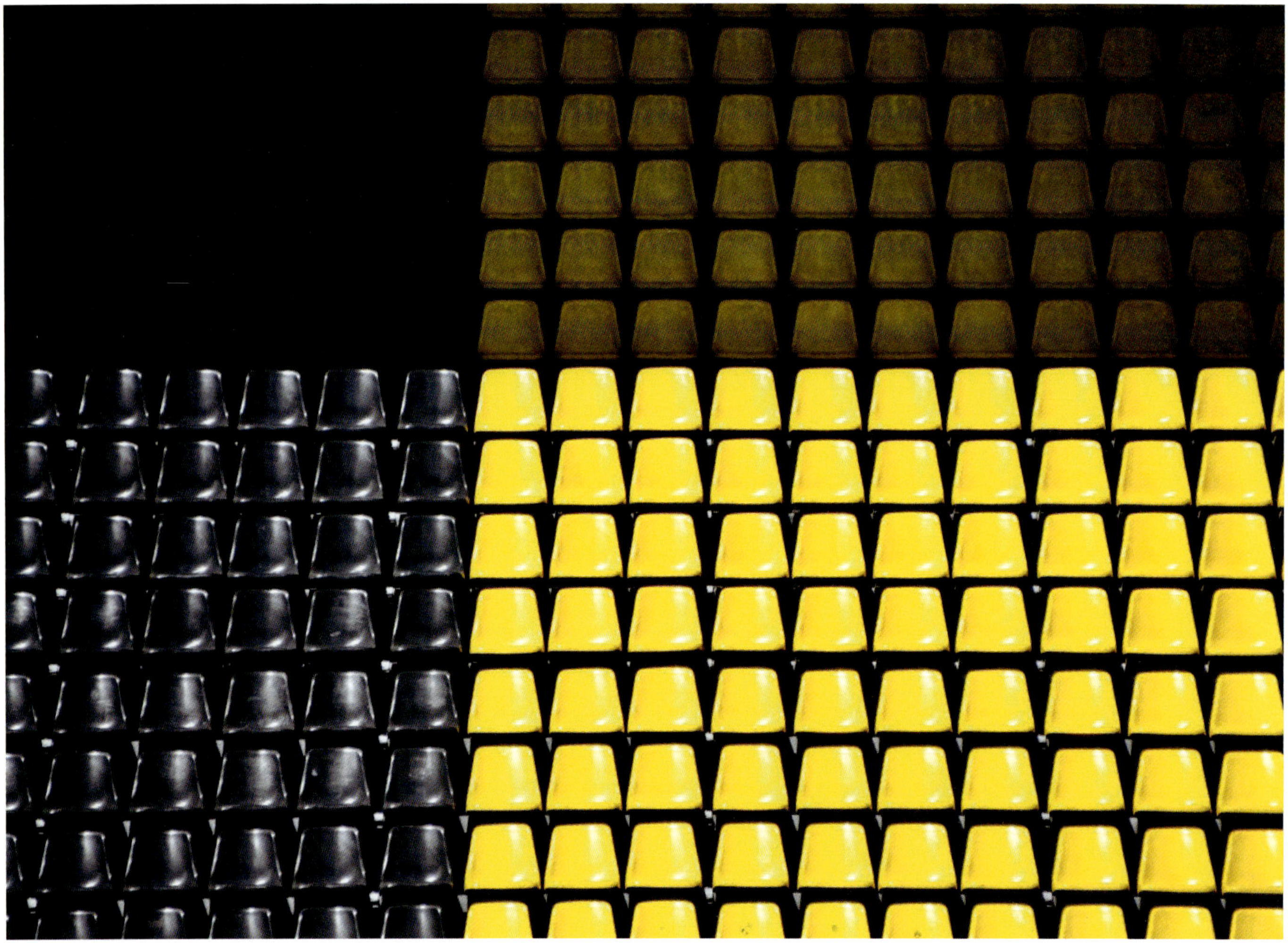

Ruhrgebiet, wer denkt da nicht an Fußball?

Für Menschen, die nicht zwischen Dortmund und Duisburg aufgewachsen sind, ist Fußball oft der erste Bezugspunkt zum Ruhrgebiet. »Essener, Duisburger, Dortmunder, Schalker, Bochumer – wer denkt da nicht an Fußball?«, fragte sich der Bochumer Journalist Christoph Schurian. Auch meine Ruhrgebietssozialisierung nahm mit Fußball ihren Anfang. Als Grundschüler pflegten mein Bruder und ich liebevoll unsere *Kicker*-Stecktabellen, und auch wenn die Disziplin im Saisonverlauf meist nachließ, waren mir dadurch schon in jungen Jahren viele Fußballvereine aus dem Revier ein Begriff. Zugegebenermaßen hätte ich nicht alle dort verortet. Dass Vereine wie Rot-Weiß Oberhausen, Wattenscheid 09 oder DSC Wanne-Eickel irgendwo im Westen beheimatet sind, wusste ich wohl, aber wo genau, da hätte ich passen müssen.

Meine Vorstellung vom Ruhrgebiet ist bis ins Erwachsenenalter seltsam abstrakt geblieben. Über Jahre galt für mich das, was Heinrich Böll seinen Protagonisten aus der Erzählung *Der Zug war pünktlich* denken ließ: »Das ist doch seltsam, eine Stadt wie Dortmund; ich bin schon oft durchgefahren und noch nie in der Stadt gewesen.« Als ich begann, mich in das Thema einzulesen, war König Fußball natürlich nicht weit. In den 70er Jahren sang die deutsche Nationalmannschaft: »Fußball ist unser Leben, denn König Fußball regiert die Welt«. Und das gilt nirgendwo so sehr wie im Ruhrgebiet. Der Jazztrompeter Till Brönner, nicht unbedingt ein großer Fußballfan, behauptet sogar: »Das Ruhrgebiet ohne Fußball zu erzählen, ist unmöglich!«

Von fünf Millionen Ruhrpöttlern spielen laut Ruhr-Museum 250.000 im Verein, Fußball ist Lebenselixier, nirgendwo liegen die Kultstätten des Fußballs so nah beieinander; all diese kleinen und großen Fußballtempel, die jedem Fan aus der *Sportschau* vertraut sind. Eins dieser Stadien habe ich sogar schon besucht, lang ist's her: 1995 fuhr ich mit meinem Papa und meinem Bruder zu einem Spiel ins Dortmunder Westfalenstadion – meine erste und für lange Zeit einzige Reise ins Ruhrgebiet, und von der Stadt Dortmund bekam ich nichts zu sehen. Während mir von meinem ersten Bundesligaspiel nicht viel im Gedächtnis geblieben ist, kann ich mich sehr gut an das Stadion erinnern, das zu der Zeit eine riesige Baustelle war. Die Kapazität wurde damals von 42.000 auf über 80.000 Plätze fast verdoppelt, und die Baumaßnahmen gestalteten sich überraschend simpel, zumindest in den Augen eines 13-Jährigen: Auf die bestehenden Tribünen wurden einfach genauso große Tribünen draufgesetzt. Als wäre das Stadion ein überdimensioniertes Lego-Bauset!

Die Südtribüne ist mit 25.000 Plätzen die größte frei stehende Stehplatztribüne Europas.

Fast 25 Jahre später stehe ich an der Nordtribüne des mittlerweile drittgrößten Fußballstadions Europas und erfahre bei einer Stadionführung: Die Gigantomanie hat sich ausgezahlt: Der Signal Iduna Park ist normalerweise zu 99,8 Prozent ausgelastet. Da meine Reise mitten in die Sommerpause fällt, ist eine Stadiontour die einzige Möglichkeit, das Stadion von innen zu sehen. Immerhin bekomme ich so auch Einblick in die Umkleidekabinen, die nicht größer sind als die einer Kreisligamannschaft, dazu schlicht und komplett in grau gehalten. Der Aphorismus von BVB-Legende Adi Preißler hängt nicht nur überall, er wird offenbar auch gelebt: »Grau is alle Theorie, entscheidend is auf'm Platz!«

Diese Haltung ist charakteristisch fürs Revier: Jede Form von Luxus ist tabu, man ist von einem anderen Schlag als der verhasste FC Bayern München und präsentiert sich gerne als volksnaher Arbeiterverein. Eine Anekdote, die bei der Stadiontour erzählt wird, dreht sich um Cristiano Ronaldo. Der portugiesische Schönling beschwerte sich einst über fehlende Föhne in der Gästekabine und bekommt seitdem vor jedem Gastspiel einen Brief mit diesen Worten: »Sehr geehrter Herr Ronaldo, wir haben immer noch keinen Föhn.« Das soll Bodenständigkeit vermitteln, was mir im Millionenbusiness Fußball wie von der PR-Abteilung zwangsverordnet erscheint und zusammen mit den so gerne beschworenen »Arbeitssiegen« in die Schublade der Ruhrpott-Romantizismen gehört. Denn das Narrativ vom Malochertum, das auch der FC Schalke 04 für sich in Anspruch nimmt, gerät gehörig ins Wanken, sobald man einen kleinen Perspektivwechsel vornimmt. Der Heimatliterat und Fußballkenner Hans Dieter Baroth notierte einst: »Dortmund und Schalke, das waren feine Pinkel, keine Arbeitermannschaften, die Spieler hielten die Hand auf

Dortmunder Humor: Im Signal Iduna Park wird bei der Dopingkontrolle zum »Piszczek« gerufen.

und bekamen Drückeposten bei der Stadt. Deshalb glaubten sie auch, sie seien etwas Besseres.«

Baroth ist nicht der einzige, der den wahren Ruhrgebietsfußball woanders verortet. Nämlich auf den vielen Asche- und Bolzplätzen und in den kleineren Stadien des Reviers. Eines davon ist in Baroths Heimatort Oer-Erkenschwick zu finden. Die SpVgg Erkenschwick war ein klassischer Zechenverein. Der Kader bestand ausschließlich aus Bergleuten; privilegierte Profikicker wie Ernst Kuzorra, dessen Job auf der Zeche nur pro forma war, gab's in Erkenschwick nicht. Dennoch spielte die SpVgg Erkenschwick in ihrer Blütezeit in der damals höchsten deutschen Spielklasse – auf Augenhöhe mit Dortmund und Schalke – und noch von 1974 bis 1976 neben einem kriselnden BVB in der 2. Bundesliga. Zu jener Zeit sagte Horst Wohlers, Libero vom FC St. Pauli, den berühmten Satz: »Von Erkenschwick wissen wir nur, daß es dort eine Zeche und einen Fußballplatz gibt.«

Zwei gute Gründe, einen Schlenker nach Oer-Erkenschwick zu machen (S. 80): Mich interessiert diese reviertypische Verquickung von Kohle und Fußball, die hier vielerorts jahrzehntelang Blüten trug und nirgendwo so exemplarisch zur Geltung kam wie in der Kleinstadt am nördlichen Rand des Ruhrgebiets. Viel übrig geblieben ist davon nicht: Der Förderturm der Zeche Ewald Fortsetzung steht zwar noch, gammelt aber seit fast dreißig Jahren vor sich hin, während die Spielvereinigung in der Westfalenliga herumdümpelt. Vielleicht stimmt die These von Christoph Biermann, die der *11Freunde*-Chefreporter in seinem Buch *Wenn wir vom Fußball träumen* formuliert hat: »Die guten Zeiten, man kann von ihnen erzählen. Aber die Geschichte verliert ihre Kraft, wenn sie nicht durch ihre Gegenwart aufgefrischt wird.« Im Stimberg-Stadion ist lange nichts mehr aufgefrischt worden. Auf den alten Tribünen wuchern Moos und Gräser um die Wette, die Bierbuden sind verrammelt, alles ist mit Graffiti beschmiert. Ich lande mitten in einem Kinder-Sportfest und denke über eine Bratwurstpause nach, fahre dann aber zurück zur ehemaligen Zeche Ewald Fortsetzung und entdecke zu meiner Überraschung am Fuße des Förderturms ein hippes Burgerrestaurant, das frisch eröffnet hat.

Auf Schalke hingegen entfaltet die Vergangenheit eine Kraft wie kaum woanders. Hier wird es zelebriert, Geschichten von früher zu erzählen, das hilft dabei, die längst nicht mehr so glorreiche Gegenwart zu ertragen (S. 110). Zur Vereinsfolklore der Schalker Knappen gehören Steigerlied, Eurofighter und natürlich Ernst Kuzorra, dem der »Polackenverein« (die meisten Gelsenkirchener Bergleute waren wie Kuzorras Vater masurische Zuwanderer) sechs Deutsche Meisterschaften zu verdanken hat. »Da spielen die ganzen Schickimickis unter sich, und jetzt kommen da plötzlich so ein paar Assis. Die Polacken und Proleten vom Schalker Markt, die Szepans, Kuzorras und Tibulskis und

Bis zu 70.000 Fans verfolgten die Spiele in der Glückauf-Kampfbahn. Schalke 04 wurde hier zwischen 1934 und 1958 siebenmal Deutscher Meister.

erfinden den modernen Hochgeschwindigkeitsfußball«, schwelgt der Schalker Buchautor Olivier Kruschinski in den ruhmreichen Jahren der Vereinsgeschichte. So unglaublich das klingt: Schalke siegte damals nicht mit den typischen Malochertugenden, die Mannschaft bestand keineswegs aus grobschlächtigen Haudegen. Kuzorra & Co. waren filigrane Ballkünstler. Das Erfolgsrezept hieß Schalker Kreisel und war laut Christoph Biermann »das Tiki-Taka der Dreißigerjahre«. Biermann war es auch, der die Chuzpe hatte, Gelsenkirchens Oberbürgermeister Frank Baranowski vorzuschlagen, die ganze Stadt in Schalke umzubenennen: »Schließlich kennen vermutlich mehr Menschen in Deutschland und vor allem im Rest der Welt Schalke 04, aber kaum jemand kennt Gelsenkirchen.«

Deshalb glaubt auch kaum jemand, der noch nicht im Gelsenkirchener Norden war, dass der Stadtteil Buer »das Monaco von Gelsenkirchen« ist, wie der vierfache Welttorhüter und Ex-Schalker Manuel Neuer mal in einem Interview mit der *Süddeutschen Zeitung* beteuerte. Die Altstadt, ganze zehn Kilometer südlich von Buer (etwa auf halber Strecke liegt die Veltins-Arena), hat hingegen schon glanzvollere Zeiten erlebt. Am Neumarkt bestelle ich einen wohlklingenden Burger namens Ernst Kuzorra seine Frau ihr Burger. Die Zutaten laut Speisekarte: Rindfleisch vom Dorstener Weiderind, frischer Spinat, Blauschimmelkäse, karamellisierte Schalotten, geröstete Walnüsse und die Spitze des Eichbergs – eine Reminiszenz an den schillernden Ex-Präsidenten Günter Eichberg, der von der Boulevardpresse zum »Schalker Sonnenkönig« gekrönt worden war. Zum Thema Fußballkulinarik erfahre ich im Deutschen Fußballmuseum (das zum Verdruss der Schalker in Dortmund eröffnet wurde), dass sich in der Veltins-Arena die Schalker Kartoffelspiralen großer Beliebtheit erfreuen. Dafür – ein bescheidener Trost – wurde das Schalker Stadion gleich mehrfach von der Tierschutzorganisation PETA als »Veggie-freundlichstes Stadion« ausgezeichnet. Noch ein Alleinstellungsmerkmal: 2001 eröffnete auf Schalke die erste Stadionkapelle der Bundesliga. Der göttliche Beistand lässt allerdings zu wünschen übrig: Seitdem hatte Schalke 26 Trainerwechsel und ich muss diese Zahl vor der Drucklegung einige Male nach oben korrigieren, als sich Schalke auf dem besten Weg in die 2. Bundesliga befindet. Die skurrilste Randnotiz (siehe auch S. 104) bleibt diese: Die erste Schalker Meistermannschaft durfte sich 1934 ins Goldene Buch der Stadt Dortmund eintragen!

Wenn ich richtig gezählt habe, liegen auf meiner Strecke zwölf Ruhrgebietsstadien, darunter Relikte aus der Urzeit des Revierfußballs wie die Glückauf-Kampfbahn auf Schalke oder das Stadion Rote Erde in Dortmund. In Wanne-Eickel besichtige ich den Sportplatz, der einige Wochen später in Livia-Leichner-Stadion umbenannt und bundesweit Schlagzeilen machen wird als erstes deutsches Fußballstadion, das nach einer Frau benannt ist. »Dem Bürgermeister seine Frau ihr Stadion« wird ein Schild verkünden – das Bonmot lässt sich westlich von Lüdenscheid-Nord (alias Dortmund) in allen möglichen Variationen entdecken. Es geht zurück auf eine Äußerung des ehemaligen Bundespräsidenten Johannes Rau. Auf die Frage, ob Fußballstadien nicht auch einmal nach Frauen benannt werden sollten, soll Rau – heute unvorstellbar – geantwortet haben: »Und wie sollen wir das dann nennen? Dem Ernst Kuzorra seine Frau ihr Stadion?«

Als ich an der Heimstätte der Sportfreunde Wanne-Eickel vorbeikomme, firmiert sie noch als Mondritter-Arena (S. 34 oben). Einen Steinwurf entfernt: das Mondpalast-Theater. Hier wird die »erfolgreichste Fußballkomödie Deutschlands« inszeniert: *Ronaldo und Julia.* Das shakespearesche Liebesdrama handelt davon, wie die Liebe zwischen einem Schalker Jungen und einer Dortmunder Kneipierstochter den Hass zu überwinden vermag (oder auch nicht). Rudi Assauer hat in dem Stück sogar mal eine Gastrolle übernommen. Überliefert ist, dass der sonst so coole Schalke-Manager sein Lampenfieber nicht in den Griff bekam und dem Publikum zitternd den Rücken kehrte.

Das lässt mich an Heinz Rühmann denken, der seine ersten großen Auftritte in der elterlichen Gaststätte im Wanner Bahnhof hatte. Südlich davon liegt das Stadion des ehemaligen Zweitligisten DSC Wanne-Eickel: die Mondpalast-Arena. Drei Spielstätten, die nach dem Mond benannt sind – bekanntermaßen ist nichts so schön wie der Mond von Wanne-Eickel (S. 76). An allen

Zufall oder Absicht? Streng genommen steht der BVB-Truck noch im Dortmunder Stadtteil Lütgendortmund.

Ecken und Enden gibt's hier was zu entdecken. In Herne befindet sich auch der Mittelpunkt des Ruhrgebiets (S. 86). Nach Herne-West, besser bekannt als Schalke, oder Wattenscheid ist es von hier auch nicht mehr weit. »Wie Wattenscheid aussieht, weiß ich bis heute nicht, aber das Stadion ist mir vertraut«, gestand Hans Dieter Baroth in seinem Essay *Fußball ist unser Leben* für das *Merian*-Magazin 1980. »Wie bei mir in Oer-Erkenschwick, so wurde das Fußball-Leben auch in anderen Orten geprägt, ich meine in Horst, Hamborn, Sodingen, Katernberg. Sicher haben viele Bewohner das Revier erst als Begleiter ihrer Mannschaften auf den Fahrten in die fremden Stadien entdeckt.«

Ich versuche mir die pilgernden Anhänger von Horst oder Hamborn vorzustellen. Zu meiner Überraschung stelle ich fest, dass die von Baroth genannten Vereine alle mal erstklassig waren: Vor der Gründung der Bundesliga spielten STV Horst-Emscher, Hamborn 07, SV Sodingen und Sportfreunde Katernberg in der Oberliga West. Für Katernberg – Standort von Deutschlands bekanntester Zeche namens Zollverein – spielte 1951 gar der berühmteste deutsche Bergmannssohn: Helmut Rahn. Rot-Weiß Essen feierte mit dem »Boss« seine größten Erfolge: den DFB-Pokal-Sieg 1953 und die Deutsche Meisterschaft 1955. Der WM-Held von 1954 hat überall in der Stadt Spuren hinterlassen. In der Hafenstraße steht eine Bronzestatue von Rahn (S. 112), auch der Platz vor dem Stadion (S. 114) ist nach ihm benannt. In Frohnhausen im Essener Westen gibt es eine Helmut-Rahn-Sportanlage. Die Friesenstube auf der Frohnhauser Straße war Rahns Stammkneipe. Seine Kindheit verbrachte Rahn im Nordosten der Stadt, in der Jugend vom SV Altenessen. Wenige hundert Meter entfernt vom Altenessener Sportplatz wuchs Rahn in der Zechensiedlung am Leseband auf. Als ich in der Straße ankomme, schießen mir Szenen aus dem Film *Das Wunder von Bern* in den Kopf. Wie der junge Rahn-Bewunderer, gespielt von Peter Lohmeyers Sohn Louis Klamroth, und seine Spielkameraden mit einem schmutzigen Ball aus Lumpen bolzen. Heute ist alles asphaltiert und weit und breit spielt kein einziges Kind. Am ersten Tag der Sommerferien wirkt die Straße seltsam ausgestorben, aus dem Hintergrund ragt der Schornstein der ehemaligen Olsberg-Gießerei hervor, alles mutet an wie eine historische Filmkulisse – einzig der BMW 316ti vor Rahns ehemaligem Haus stört das Bild (S. 115).

Einige Jahre nach Rahn hatte Rot-Weiß Essen einen weiteren legendären Torjäger: Willi Lippens, Spitzname: Ente, erzielte über 200 Tore für die Essener, verewigte sich aber auf andere Weise in der Ruhrgebietsfolklore. Als der Stürmer 1965 in einem Regionalliga-Spiel gegen Westfalia Herne vom Schiedsrichter im schönsten Ruhrpott-Slang mit den Worten »Herr Lippens, ich verwarne Ihnen!« bedacht wurde, antwortete Lippens keck: »Herr Schiedsrichter, ich danke Sie!«. Lippens flog vom

Platz, seine Worte blieben im kollektiven Gedächtnis. Während meiner Reise schnappe ich den Satz mehrere Male auf, einmal bei einer Dankesrede auf einer Betriebsfeier in einem meiner Hotels.

Seit seinem Karriereende betreibt Lippens ein gutbürgerliches Ausflugslokal in Bottrop: das Restaurant »Ich danke Sie!« im Lippenshof. Der Herr weiß sich zu vermarkten. Ich fahre einen Bogen durch Bottrop und bin überrascht von der ländlichen Lage des Lokals, das zugleich »Mitten im Pott« liegt: Essen-Karnap beginnt eine Balllänge von hier (vorausgesetzt Moritz Stoppelkamp schießt). Seinen einst ungeliebten Spitznamen, den er seinen O-Beinen und entsprechendem Watschelgang verdankte, hat Lippens zum Markenzeichen gemacht. Als ich die Toilette aufsuche, werde ich flankiert von Enten-Fußballlogos aus bunten Mosaiksteinchen. Der Vorraum ist gespickt mit Erinnerungsfotos, auf denen Lippens mit Peter Lohmeyer oder Manni Burgsmüller posiert. Nach einem langen Tag bin ich zu müde, um nach Lippens zu fragen, obwohl ein Plausch mit ihm sicher unterhaltsam wäre. Lippens gilt als Original, seine Sprüche sind legendär, so frei Schnauze spricht im mediengeschulten Fußballbusiness keiner mehr. Die schnoddrige Unverblümtheit, die früher gang und gäbe war, wird heutzutage anderweitig gepflegt und als Kulturgut des Ruhrpotts zelebriert. Einer, der dieses Fach besonders gut beherrscht, ist der Bochumer Kabarettist Frank Goosen. »Das Ruhrgebiet hat viele Vorteile«, lese ich in einem seiner Bücher. »Es gibt hier keinen FC Bayern.« Ich danke Sie!

Dieser Imbiss in der Dortmunder Nordstadt beherbergte einst die Vereinsgaststätte Zum Wildschütz, wo der BVB 1909 gegründet wurde.

Ruhrdeutsch für Anfänger: Mantaplatte.

Tag 5, Zeche Zollern Dortmund

Hier ist Schwarz-Gelb sogar denkmalgeschützt.

Tag 5, Zeche Zollern Dortmund

In der Maschinenhalle – 1969 als erster Industriebau Deutschlands unter Denkmalschutz gestellt.

Tag 6, Dortmunder U

Eine Anti-U-Brille?! Bevor das Dortmunder U zum Leuchtturmprojekt der RUHR.2010 wurde, war es jahrelang in desolatem Zustand und entsprechend umstritten – wie diese Textstelle aus Ralf Theniors 1988 erschienenem Roman *Ja, mach nur einen Plan* zeigt:

»Das große U von der Dortmunder Union-Brauerei ragte in den Himmel wie Unruhe, wie Unkenruf, wie Unzeit. Wolken zogen dahinter vorbei. Kadur wandte den Blick ab, denn dieser riesige Buchstabe machte ihm ein schlechtes Gefühl. Doch es war nicht zu vermeiden. Immer wieder streifte er dieses verdammte U. Es machte ihn unglücklich, dieses Scheiß U. Tausend Mark für eine Anti-U-Brille!«

Das U ist nicht nur unglaublich fotogen. Als Zentrum für Kunst und Kreativität hat es auch drinnen viel zu bieten. Heute gehe ich in eine Ausstellung vom Hartware MedienKunstVerein über Rechtspopulismus im Netz. In Dortmund ist das allerdings nicht bloß Netzdomäne. Laut Jörg Sartor, der als Hauptverantwortlicher der Essener Tafel mit einem zeitweiligen Aufnahmestopp für Ausländer einen bundesweit diskutierten Skandal provozierte, ist die einstige SPD-Hochburg »mittlerweile zum Sprengel für Rechtsextremisten« geworden. »Neben dem sogenannten Bulgaren-Strich beherrschen rechtsradikale Gruppen das Stadtbild. Ein geradezu paradoxer Mix«, behauptet Sartor in seiner selbst erklärten Streitschrift *Schicht im Schacht* über die Dortmunder Nordstadt.

Die Undifferenziertheit und Widersprüchlichkeit von Sartors »Früher war alles besser«-Argumentation ist kaum zu toppen, und von »beherrschen« kann überhaupt keine Rede sein. Das sind panikmachende Übertreibungen wie auch die alte Leier von den No-go-Areas. »Wer durch die Nordstadt in Dortmund geht, wird sicherlich manche Dinge ausfindig machen, die ihm nicht unbedingt behagen«, attestieren Robert Kaltenbrunner und Peter Jakubowksi in *Die Stadt der Zukunft*. »Man wird aber auch schnell erkennen, dass im Dortmunder Norden vieles schlicht ›gut läuft‹ und eben keine filmreifen Schreckensszenarien zu erhaschen sind.«

Natürlich lassen sich die Missstände, die Sartor schildert, nicht komplett abstreiten, doch verkennt Sartor den Kern der Probleme in den sogenannten Problemvierteln (siehe auch S. 184). Der britische Journalist Johny Pitts liefert dazu in seinem Buch *Afropäisch*, das sich wie ein interkultureller Gegenentwurf zu *Schicht im Schacht* liest, zwei Sätze, die vermutlich auch Sartor sofort unterschreiben würde: »Communitys, die einst durch lokale Industriebetriebe miteinander verbunden und durch Stolz und handwerkliches Können geprägt waren, wurden durch die anonymen Nachbarschaften der Globalisierung ersetzt. Mit Callcentern und Einkaufsgalerien lässt sich nicht viel Kultur aufbauen.« Einige Kapitel später appelliert Pitts: »Wir brauchen Gelegenheiten, bei denen wir einander begegnen können.« Und die gute alte Solidarität, die Herr Sartor sonst bei jeder Gelegenheit heraufbeschwört.

Tag 6, DOC Dortmunder Centrum für Medizin

Die futuristischen Nachkriegsbauten in Dortmund verdienen mehr Anerkennung. Immerhin steht der Deilmann-Bau, von 1978 bis zur Finanzkrise das Zuhause der WestLB, auf der Denkmalliste der Stadt Dortmund – ebenso übrigens wie die Südtribüne des Westfalenstadions.

Tag 7, Mensa TU Dortmund

Die Mensa des Studierendenwerks Dortmund wurde von 1974 bis 1976 gebaut – »eine technoide Anmutung ganz im Geist der 1970er Jahre« (*Big Beautiful Buildings*).

Tag 7, Hafen Dortmund

Dortmund, ich bin Fan von dir, nicht bloß von deinem Ballspielverein, der Borussia vom Borsigplatz. Dein BVB hat sogar eine eigene Kirche. Die ist innen schwarzgelb, und es stehen ganz offen Bierkisten rum. Fußball und Bier sind bei dir Religion (eine Zwischenfrage in der Dreifaltigkeitskirche: »Was ist das für ein Gott, der Bayern siebenmal in Folge Meister werden lässt?«) – nicht umsonst hast du das größte Fußballstadion Deutschlands und warst mal die zweitgrößte Brauereistadt der Welt. Um sieben Millionen Tonnen Kohle zu fördern und sieben Millionen Tonnen Stahl zu erzeugen, brauche es eben sieben Millionen Hektoliter Bier, witzelte einst dein lebenskluger Oberbürgermeister Günter Samtlebe. Aber du bist längst weit mehr als Bier und Fußball und Arbeiterkultur. Du bist auch grün, vor allem, wenn man sich dir von Süden nähert. Lass dir bloß nicht erzählen, dass du hässlich bist. Du hast zum Beispiel einen wunderschönen Jazzclub in einem noblen 50er-Jahre-Filmpalast, das Domicil. Es ist noch nicht lange her, dass dort der preisgekrönte US-Saxofonist Kamasi Washington aufgetreten ist. Und ich liebe deine 70er-Jahre-Pop-Art-Bauten.

Am besten gefallen hat mir dein U. Der siebzig Meter hohe Brauereiturm mit dem goldenen U war 1927 dein erstes Hochhaus. Ich kann nicht daran vorbeigehen, ohne ein Foto davon zu machen. Viele U-Fotos also! Dein U ist ein Leuchtturm für das ganze Unionviertel. Dort beweist du, dass Wohnqualität verbessert werden kann, ohne Gentrifizierungsprozesse anzuheizen. Der Tag im Unionviertel war mein Lieblingstag. Auch die Nordstadt, das Viertel mit den meisten Gründerzeitbauten im Ruhrgebiet, ist viel besser als ihr Ruf. Das Konzert von Strand Child in der Hafenschänke Subrosa war mein Lieblingsabend. Im »Nazi-Stadtteil« Dorstfeld bin ich an einem Fest der Demokratie vorbeigeradelt. Weiter so!

Nicht so sehr mag ich deinen Phoenix-See, da fühle ich mich wie in Hamburgs Hafencity. Luxuswohnen im alten Arbeiterviertel – irgendwie passt das nicht so gut zu dir. Ich befürchte ein wenig, dass dein neues Hafenviertel ähnlich wird. Ich hoffe, ihr schafft dort wirklich einen Heimathafen für alle Menschen und nicht nur für die mit dickem Geldbeutel. Zum Abschluss einer Hafenführung fiel der Satz: »Wenn Sie das nächste Mal kommen, wird es nach Kaffee riechen und Sie hören karibische Klänge!« Hmmm. Ich denke, du findest mich dann wieder im Subrosa. Denn wie heißt es so schön, frei nach Günter Samtlebe: Dat Beste am Käffken is dat Pils danach.

CHINA SHIPPING

Tag 7, Ringhotel Parkhotel Witten

Meine nächste Station: Witten. Das 1978 gebaute Ringhotel Parkhotel erinnert mich auf positive Weise an 90er-Jahre-Familienurlaube im Sauerland Stern Hotel. Den großartigen oldschool-trashigen Schwimmbad- und Saunabereich habe ich eineinhalb Stunden für mich allein, und während ich draußen auf der Liege auskühle (in einer lauen Sommernacht mit 20 Grad dauert das), ballert von der geschlossenen Gesellschaft im Hotelrestaurant *Bravo Hits*-Mucke der 90er rüber: »What is love? Oh baby, don't hurt me, don't hurt me, no more.« Und Frühstück gibt's auf der Dachterrasse im neunten Stock, mit fantastischem Blick übers Ruhrtal. »I wonder how, I wonder why. Yesterday you told me 'bout the blue, blue sky ...«

PARKHOTEL

Tag 7, Klimbim Witten

In Witten habe ich eigentlich nur zwei Punkte auf dem Programm. Der eine ist die Kultkneipe Klimbim – früher verkehrte hier Wolfgang Welt, großer Popjournalist und Literat, der Stuckrad-Barre der 80er.

Auf dem Weg zum Klimbim entdecke ich eine Bücherkiste, und in dieser Bücherkiste: ein Flyer für eine Ausstellung von Wolfgang Welt. True Story! Ich damit ins Klimbim, es erinnert sich aber niemand an den ehemaligen Thekengast.

Die Story geht noch weiter: Nebenan beim Abendessen im Knut's entdecke ich einen weiteren Flyer – für ein Konzert im Schauspielhaus Bochum, in dem Welt von 1991 bis zu seinem Tod als Pförtner gearbeitet hat. Also ab zum Schauspielhaus! Die neue Pförtnerin heißt Frau Kiszka und hat Welt nicht vergessen …

Tag 8, Schauspielhaus Bochum

»Das Ruhrgebiet fiel mir auf den Kopf.«

In diesem Glaskasten im Schauspielhaus Bochum saß 25 Jahre lang nachts einer der größten Literaten des Ruhrgebiets: Wolfgang Welt.

Popliterat Wolfgang Welt: der Knausgård des Ruhrgebiets

Genießt der Ruhrgebietsfußball seit jeher Kultstatus und beheimatet weltberühmte Clubs aus Dortmund und Schalke, gilt für die Literaturszene das ganze Gegenteil. »Kaum ein Autorenname aus dem Revier ist in irgendeinem Lexikon der Weltliteratur zu finden«, beklagte einst Josef Reding, und nach einem Jahrhundert industrieller Entwicklung an der Ruhr fehle noch immer die Dichtung, die diesem Raum gerecht werde. Dass sich daran bis heute nicht viel geändert hat, bestätigte der aus Essen stammende Herausgeber und Autor Marc Degens, der, als Reding das Eingangszitat formulierte, gerade zur Welt gekommen war und demnächst fünfzig wird, in dem Sammelband *Echt! Pop-Protokolle aus dem Ruhrgebiet*: »Ich kenne kaum einen anderen Landstrich in Deutschland, in dem so wenige Schriftsteller leben wie hier.«

Als ich im Internet die Suchbegriffe »Schriftsteller Ruhrgebiet« eingebe, erscheinen als erste Ergebnisse: Frank Goosen und Max von der Grün. Spötter könnten an dieser Stelle anmerken: ein Kabarettist und ein Jugendbuchautor. Es ist doch verwunderlich, dass eine Region mit mehr als fünf Millionen Einwohner:innen keine wirklich berühmten Schriftsteller:innen hervorgebracht hat. »Wieso schrieb hier keiner eine *Blechtrommel*«, grübelte einst der Bochumer Popliterat Wolfgang Welt. »An irgendwas muß es ja liegen, daß im Ruhrgebiet so wenig gute Literatur entsteht, obwohl hier die Stoffe genauso auf den Straßen liegen wie in Frankfurt, Berlin oder München. Aber zu mehr als einem Max von der Grün hat es nicht gereicht, der festgelegt war auf seinen Pütt.«

War es, wie Reding vermutete, eine »Unlust der literarischen Salons und Starkritiker, von einer Literatur Kenntnis zu nehmen, die sich mit ›profanen‹ Themen wie Arbeitsplatz, sozialer Abhängigkeit und Streiks befaßt«? Oder war es die Unfähigkeit der Ruhrgebietsliteraten, regionale Begebenheiten »allgemeingültig nachgestalten zu können«? Nicolas Born, dessen Karriere als »deutscher Camus« erst nach dem Wegzug aus dem Ruhrgebiet zündete, schrieb in seiner Autobiografie, das Ruhrgebiet sei für ihn keine »Goldgrube« gewesen, sondern »eher eine Fallgrube«. Ein internationales Echo fand 1931 der ehemalige Krupp-Pressereferent Erik Reger mit seinem Erstlingswerk *Union der festen Hand*. Der »beste deutsche Industrieroman«, mit dem renommierten Kleist-Preis prämiert und von den Nazis verfemt, musste in der Bundesrepublik erst wiederentdeckt werden.

Einer der wenigen »Arbeiterschriftsteller«, die einer breiteren Öffentlichkeit bekannt wurden, war

Max von der Grün. Sein 1963 veröffentlichter Bergarbeiter-Roman *Irrlicht und Feuer* war eines der aufsehenerregendsten Werke der Nachkriegszeit. Der spätere Bundesarbeitsminister Walter Arendt diskreditierte das Buch als »gewerkschaftsfeindlich«, was die DDR-Filmgesellschaft DEFA nicht davon abhielt, es als erstes bundesdeutsches Buch mit einer TV-Adaption zu adeln. Seine größten Erfolge feierte von der Grün letztlich als Erfinder einer Kinderdetektivbande namens *Vorstadtkrokodile*.

Von einem ganz anderen Schlag war Wolfgang Welt. 1952 in Bochum geboren und inmitten der Strukturkrise aufgewachsen, schrieb Welt am liebsten über Pop- und Rockmusik, Bier und Frauen und träumte von der großen Schriftstellerkarriere beim Suhrkamp Verlag. SPD-Mitglied nur der Form halber, interessierten ihn die Sorgen der Arbeiterklasse weniger. Der Langzeitstudent verdingte sich wahlweise als Schallplattenverkäufer und Bierfahrer für eine Dortmunder Brauerei, brachte als »der wichtigste Rockjournalist im Revier« (Welt über Welt) seine Frechheiten unter die Leute, gestand sich alsbald »aber ich schrieb mich verrückt« und verschwand als Nachtportier wieder in der Versenkung – dooferweise, bevor sein Stern so recht aufgegangen war. Einzig im Nörgeln und Lästern blieb Welt unangefochten. Schon in seinem Romandebüt *Peggy Sue* (1986) nahm Welt kein Blatt vor den Mund: »Wenn ich jetzt vom Werkkreis Literatur der Arbeitswelt

wäre, würde ich diese Maloche näher beschreiben. Aber ich will ja kein Buch über langweilige Arbeit schreiben, sondern wie ich alles daransetzte, diese Ute zu ficken und wie das vorher mit ihrer Schwester gewesen war.«

Auch das versteht sich als Seitenhieb auf von der Grün, der sich mit dem Werkkreis Literatur der Arbeitswelt auf die Fahnen geschrieben hatte, Arbeiter:innen zum Schreiben zu ermächtigen und sich 1970 von der Dortmunder Gruppe 61 abgespaltet hatte (und noch heute bundesweit Ableger hat). Die wiederum war 1961 mit einer ähnlichen Intention gegründet worden: als proletarisches Pendant zur bürgerlich-elitären Gruppe 47 mit ihren künftigen Literatur-Nobelpreisträgern Böll und Grass. In der Gruppe 61 engagierten sich neben von der Grün und Investigativ-Ikone Günter Wallraff auch der eingangs erwähnte Josef Reding, der in einem Nachruf der *Süddeutschen Zeitung* –

verfasst von Hilmar Klute – als »Hemingway des Ruhrgebiets« gewürdigt wurde. Ein Spitzname, der zwar catchy, aber auch irreführend ist. Denn so sehr sich Reding am Erzählstil US-amerikanischer Short Storys orientierte, das Charisma und die Coolness eines weltmännischen Draufgängers waren ihm nicht beschieden. »Gutsein ist kühner als eine Weltumseglung«, beteuerte Reding, doch den jungen Wolfgang Welt langweilte (übrigens zu Unrecht) sozialkritische Literatur wie die des Dortmunders.

Ähnlich verhält es sich mit Gruppe 61-Mitstreiter Willy Bartock, 1915 in Duisburg-Hamborn geboren, der im Volksmund zum »Kohlen-Goethe« wurde. Da sich der Bergmannssohn der Schönschreiberei verdächtig machte – ein No-Go unter ambitionierten Literaten der Nachkriegsgeneration –, ignorierte Welt diese Art von Literatur. Jörg Albrecht umschrieb in der *Westfälischen Rundschau* die Kehrseite von Bartocks Prosa wie folgt: »Schöne, zu schöne Zeilen manchmal, Sozialkitsch, der den literarischen Bemühungen jener Zeit und teils der Gruppe 61 anhaftet, wie ein Kaugummi, das an der Sohle klebt und den Fuß immer auf den Boden zurückzieht, wenn er mal abheben will«. Wolfgang Welt hätte bestimmt noch mehr zu mäkeln gehabt. Ein Indikator der mangelnden Hipness ist auch der ursprüngliche Name der Gruppe 61, der doch arg hölzern und gewerkschaftsbürokratisch anmutet: Arbeitskreis für künstlerische Auseinandersetzung mit der industriellen Arbeitswelt.

Welt war der komplette Gegenentwurf dazu: Mit Schönschreiberei hatte er nichts am Hut und lieber setzte er sich mit den Alltäglichkeiten seiner eigenen Lebenswelt auseinander. »Etwa zwei Jahre nach unserer ersten Begegnung machte mir Sabine am Telefon Aussicht auf einen Fick, allerdings nicht mit ihr selber, sondern mit ihrer jüngeren Schwester«, lautet der vielzitierte erste Satz

Duisburg, die Heimat des »Kohlen-Goethe«.

in *Peggy Sue,* benannt nach seinem Lieblingssong von Buddy Holly, dessen großer Verehrer er war. Welts Schreibweise war unaffektiert und assoziativ, rigoros autobiografisch, manchmal quälend persönlich und für den deutschen Buchmarkt zu vulgär und bukowskihaft. Im Literaturbetrieb blieb Welt eine Randfigur, da er aber als einer der ersten Autoren sein Musiknerdtum zu stilisieren wusste, brachte er quasi im Alleingang »die Popliteratur vorwärts, als es noch keinen Benjamin von Stuckrad-Barre gab – und der Deutschunterricht noch zu sehr von Heinrich Böll geprägt war« (*Ruhrbaron*-Autor Peter Hesse).

Der Kultstatus kam – wie so oft – erst später, befeuert durch einige *Peggy Sue*-Neuauflagen sowie eine Suhrkamp-Gesamtausgabe seiner bis dahin erschienenen Romane. Willi Winkler, Literaturkritiker der *Süddeutschen Zeitung*, ernannte Welt zum »größten Erzähler des Ruhrgebiets«, Rainald Goetz lobte die lässige Erzählweise, Handke sprach von Welt als »der ganz andere Geschichtsheld« und Poptheoretiker Thomas Hecken erkannte in Welt den »einzigen Berührungspunkt zwischen dem Ruhrgebiet und der großen Pop-Welt«. 2014 setzten sich dreißig namhafte Schriftsteller:innen und Journalist:innen – darunter Dietmar Dath, Marc Degens, Frank Goosen, Peter Handke, Hilmar Klute und Katja Kullmann – dafür ein, dass Welt der Literaturpreis Ruhr verliehen wird, ohne Erfolg. Für Welt kamen die literarischen Ritterschläge ohnehin zwanzig Jahre zu spät. Um zwischendurch überhaupt noch etwas zu Papier zu bringen, setzte Welt eigenmächtig seine Dauermedikation aus. Die starken Psychopharmaka, die Welt zur Behandlung einer schizophrenen Psychose einnehmen musste, beeinträchtigten seine Gesundheit zusehends. Am 19. Juni 2016 verstarb Welt im Alter von nur 63 Jahren.

Von allen Ruhrgebietsschriftsteller:innen, die ich als Reisevorbereitung lese, fasziniert mich Wolfgang Welt am meisten. So schwer zugänglich und eigenbrötlerisch er auf einige Weggefährt:innen gewirkt haben muss, war seine Art immer geradeheraus. Auch die späte Rehabilitation als »Urvater« des 90er-Jahre-Popliteratur-Revivals ließ ihn nicht zahmer werden. Auf die Frage nach seinem Stellenwert in der deutschsprachigen Gegenwartsliteratur ätzte Welt 2011: »Ach, da scheiß' ich doch was drauf, das ist mir scheißegal. Das juckt mich nicht!« Diese scheinbar unbekümmerte Kratzbürstigkeit war eines seiner Markenzeichen und bringt mich vor allem in seinen erfrischenden Musiktexten zuverlässig zum Lachen. Zugleich war Welt ein überaus sensibler, mit sich selbst hadernder Zeitgenosse. Die ständigen Ups und Downs und sein unermüdliches Ringen mit sich selbst lassen einen beim Lesen nicht los. Von der »melancholischen Misanthropie«, die Katja Kullmann in seinem Œuvre entdeckte, nahm sich Welt nicht aus und beschrieb sich als »unfickbar« oder »aus dem Arsch geschissen« – was sich ebenso wie seine phasenweise manische

Selbstgefälligkeit als Hinweis auf seine psychische Disposition interpretieren lässt.

Meine (traurigerweise unlängst eingestellte) Lieblingszeitschrift *Spex* beschrieb Welt als unpeinlichen Heimatchronisten, der mit gnadenloser Ehrlichkeit die »dröge Jungswelt-Realität« hinter den Versprechungen der Popindustrie offenlegte. Die akribische Beschreibung seines »Loserlebens« in Bochum, »wo er mit Fußballkumpels soff, immer noch bei seinen Eltern wohnte und sexuell zeit seines Lebens mit Vollgas im Leerlauf unterwegs war« (Alexander Runte in der *Süddeutschen Zeitung*), vermischte sich in seinen Texten mit der Glamourwelt des Rock und Pop. Zwischen der Figur und dem Autor Welt gab es keinen erzählerischen Abstand (selbst seine Musikbesprechungen waren radikal subjektiv, siehe S. 225). Dass seine Romane deshalb keine Romane seien, sondern »schnörkellose Tagebuchprosa als eigenwillige Spielart der Popliteratur« (wie Degens es formulierte) oder bloß »willkürliche Erinnerungsstenogramme« (Frank Schäfer in *Die Zeit*), hätte Welt dabei wohl nicht einmal bestritten. Immer wieder bekräftigte er, schlicht und einfach sein Leben aufgeschrieben zu haben: »Meine Romane habe ich ja erlebt« und »Nichts ist Fiktion. 99 Prozent ist so passiert.« Es ist gar nicht weit hergeholt, Wolfgang Welt im Rückspiegel der Literaturgeschichte als proletarisch verwurzelten Prototyp für Karl Ove Knausgård zu bezeichnen, der mit einer allumfassenden Selbstoffenbarungsprosa Weltruhm erlangt hat. Derartige Vergleiche kümmerten Welt allerdings wenig und irritierten ihn eher. Gegenüber seinem englischen Musikerfreund Phillip Goodhand-Tait merkte Welt lakonisch an: »They think I'm the German Nick Hornby. Do you think, too?«

Wie kein anderer Ruhrgebietsliterat wandelte Welt zwischen Popkultur, Subkultur, Hochkultur und Heimatkultur, die einhergehenden Ambivalenzen scherten ihn nicht. Aus seinem kleinbürgerlichen Alltag flüchtete sich Welt ins Bochumer Nachtleben, liebäugelte mit den ruhmreicheren Welten von Literatur und Rockmusik, um im nächsten Atemzug darüber zu wettern. Aus dieser Gemengelage entstand laut Willi Winkler ein »Pott-Bildungsroman, wie ihn sonst keiner erlebt hatte und folglich auch keiner schreiben konnte«. Als manischer Schreiber gönnte sich Welt keine ruhige Minute; das schnelllebige Musikbusiness hätte einen normalen Lebensrhythmus wohl auch kaum zugelassen. Jack Kerouac, US-Beatpoet mit sagenhaftem Output, sei im Vergleich zu ihm »ein Lahmarsch« gewesen, scherzte Welt einmal. Als freier Musikjournalist ging Welt auf Tuchfühlung mit internationalen Stars wie Alan Vega, Randy Newman und Lou Reed (wenn er nicht einen Tag zu spät zum Interview angereist wäre), begleitete Motörhead auf einer Tour durch England und lästerte munter über heimische Popgrößen wie Herbert Grönemeyer, Marius Müller-Westernha-

Wolfgang Welt hat LPs geliebt und selbst in einem Schallplattenladen gearbeitet.

gen und BAP – zeitweilig war Welt »definitiv der wichtigste Rockjournalist im Revier«.

In seinen Romanen lässt sich ungeschönt nachlesen, wie seine Rastlosigkeit mehr und mehr ihre Schlagzahl erhöhte, bis er schließlich in der Psychiatrie landete – und das mehrfach. Welt, der das Fernsehen liebte, verwechselte sich mit diversen Seifenoperndarstellern, ein anderes Mal schlüpfte er in die Haut von Stevie Wonder, nur ohne blind zu sein. In einer seiner wahnhaften Episoden hatte Welt noch eine andere Erleuchtung und fand den Schlüssel zum »Automatic Writing« – auf einmal schrieb das Leben seinen großen Roman ganz von allein: »Plötzlich fiel mir Kafka ein. Was hatte er damit zu tun? Ich kannte nur seine *Verwandlung*. War ich Gregor Samsa, hatte ich mich in ein Ungeziefer verwandelt? Ich fühlte mich plötzlich wieder von Satellitenkameras beobachtet. Ich fuhr zur Uni und hörte was über Barockromane und dachte, der Dozent spräche über mich und meinen Roman. Sollte ich sagen, ich sei Kafka? Der würde mich für verrückt halten. War ich es nicht auch? Oder war ich tatsächlich der größte Schriftsteller aller Zeiten, der nicht mehr schreiben musste, sondern durch sein schieres Leben Literatur erzeugte? Das Leben schrieb den Roman ohne Maschine. Ich brauchte nicht mehr zu tippen.«

Als sei es das Normalste auf der Welt, pflegte Welt über Jahre hinweg Briefwechsel mit bekannten Autoren wie Peter Handke, Hermann Lenz oder Jürgen Lodemann, und Wolfgang Körner (siehe S. 118 und 175) soll dem jungen Welt ab und zu mal einen Schein zugesteckt haben. Wie es zu diesen erlesenen Kontakten gekommen war, ließ Welt teilweise im Dunkeln. »Alles von sich erzählen und doch nichts verraten«, diese Devise seines großen Vorbilds Handke hatte Welt verinnerlicht. Auch Buchpreisträger Frank Witzel, ein später Bewunderer, der posthum gelegentlich aus Welts Werk vorgetragen hat, sagte einmal, dass bei Welt »immer mehr ungesagt bleibt als gesagt«. Wie es phasenweise um Welts Gesundheit bestellt war, offenbarte sich in einem Brief an Lodemann: »Kannst Du mir ’nen Gefallen tun und meiner Mutter mündlich oder schriftlich kurz mitteilen, dass sie sich um mich keine Sorgen machen soll? Ist wohl normal für einen angehenden Schriftsteller so wie ich zu leben. Ich mein’, die machen sich echt Sorgen auf der Wilhelmshöhe, weil ich von Tag zu Tag mehr abnehme.«

Schon in jüngeren Jahren neigte Welt zu Stimmungsschwankungen und ging hart mit sich ins Gericht. In der Einleitung zu einer *Rock Session*-Bandreportage mit dem bezeichnenden Titel »Liebe und Hass« verunglimpfte sich Welt selbst als »Möchtegern-Journalist«, dem »die Unterscheidung von Wesentlichem und Unwichtigem« schwer fiele und der sich bei der porträtierten Band »für eventuelle Unkorrektheiten und Mißverständlichkeiten« zu entschuldigen habe. Beiläufig entwarf Welt seine ganz eigene Spielart des Gonzo-Journalismus, bei dem die eigentlichen

Vor Welts Elternhaus auf der Wilhelmshöhe.

Stars zur Kulisse seiner introvertierten Lebenswirklichkeit wurden. Den Grund dafür erkannte Thomas Hecken nicht in Welts Egozentrik: »Überlagert werden die übrigen Dinge nicht von seiner Eitelkeit, sondern von den präzise geschilderten […] Problemen, finanziell über die Runden zu kommen. Die Musik, um die sich vordergründig alles dreht, wird dadurch zum Nebenthema.« Auf der Motörhead-Tour war Welt so blank, dass er sich das Hotelfrühstück nicht leisten konnte und er auf die Essensreste im Backstageraum hoffen musste: »Ich gierte wieder nach den Salatblättern. Es war diesmal sogar noch ein Stück Pastete da.« Die trotzdem gutgelaunte und feuchtfröhliche Reportage erlangte Kultcharakter, insbesondere der letzte Satz. Da wird Rocklegende Lemmy Kilmister allen Ernstes von Welt gefragt: »Nur Lemmy, warum macht ihr eigentlich so schreckliche Musik?«

Welt war kein klassischer Intellektueller und pflegte eine spezielle Dialektik: Im Fußballverein sozialisiert, war Welt es gewohnt, seine Welt in zwei Kategorien zu unterteilen: Freunde und Gegner. Die »Guten« bekamen überschwängliche Lobeshymnen, mitunter unvermutet wie bei Schlagersänger Willy Hagara, die »Schlechten« ernteten knallharte Verrisse. Er könne nicht lobhudeln, wenn ihm sein Urteilsvermögen einen Verriss diktiere, argwöhnte Welt. Dabei machte er keinen Unterschied zwischen der Vorgruppe aus Wanne-Eickel oder einem Weltstar. Künstler, die sich anbiederten oder Trends bedienten, lehnte er ab. »Ich will einigen Leuten ein Denkmal setzen, die sonst nicht mal einen Grabstein kriegen würden. Ich stell mich hinten an«, erklärte Welt bereits 1982 in seiner von Diedrich Diederichsen veröffentlichten Erzählung *Buddy Holly auf der Wilhelmshöhe*. Zu einem eigenen Denkmal ist Welt leider nicht mehr gekommen (in Bochum-Werne wurde ihm zu Ehren immerhin ein Blumenbeet angelegt), und so bin heute ich es, der Starkult betreibt: Einige Stationen meiner Reise sind schlicht Orte, an denen Welt Spuren hinterlassen hat.

Zum Beispiel in Witten. Bei Instagram werde ich gefragt, was ich in der »langweiligsten Stadt des Ruhrgebiets« denn vorhätte: Witten ist der erste Zwischenstopp meiner Wolfgang-Welt-Spurensuche. Welt wohnte hier mal in einer Straße mit dem klangvollen Namen Am Schichtmeister. In dem Haus hat sich heute eine Masseurin namens Jutta niedergelassen (das hätte Welt bestimmt gefallen. Preisfrage: Kommt in Welts Büchern eine Jutta vor?). In Erinnerung geblieben ist mir aus seinen Erzählungen, dass Welt gerne »aufn Bierchen« ins Klimbim ging. Welt war bekannt dafür, persönliche Rückschläge mit einer äußeren Gleichmut hinzunehmen, die für Kneipengänger typisch ist. Fünfzig Meter vor dem Klimbim entdecke ich in einer Bücherkiste einen Flyer für eine – unglaublich, aber wahr – Wolfgang-Welt-Ausstellung in Bo-

»Ich habe fertig« im Klimbim

chum-Langendreer (S. 46). Davon habe ich bisher gar nicht gewusst. Beflügelt von meinem Zufallsfund, steuere ich das beschauliche Kneipenviertel in der Wittener Wiesenstraße an.

Vor dem Klimbim stimmen sich erste Gäste aufs Wochenende ein, drinnen ist weit weniger los. Ich begutachte die Räumlichkeiten – wonach genau ich suche, ist mir selbst nicht klar. An den knallbunten Wänden prangt poppige Kunst, auf den Gemälden sind bekannte Persönlichkeiten aus Film und Fernsehen verewigt: Kein Wunder, dass sich TV-Junkie Welt hier wohlfühlte. Auf die Schnelle kann ich einzig Ex-Bayern-Coach Giovanni Trapattoni identifizieren, porträtiert bei seiner berühmt-berüchtigten »Ich habe fertig«-Schimpftirade. Über der Theke hängt ein BVB-Juventus-UEFA-Cup-Gedenkwimpel von 1992/1993 und eine Juve-Uhr, die mindestens genauso alt sein muss und ein bisschen nach Kinderzimmer aussieht. Das Klimbim scheint mir eher Fußballkneipe als Literatentreff zu sein. Welt war selbst Fußballer beim SuS Wilhelmshöhe (sein Vater Heinz war 1. Vorsitzender) und bestritt bis in die 80er Jahre mehr als 500 Spiele. Sein literarisches Erweckungserlebnis hatte Welt mit siebzehn Jahren, als er sich zum ersten Mal bewusst ein Buch kaufte: Peter Handkes *Angst des Tormanns beim Elfmeter*. Später folgten Hermann Hesses *Steppenwolf* und Franz Kafkas *Verwandlung* und ließen in ihm den Wunsch reifen, Schriftsteller zu werden. Lange Zeit hatte Welt »Literatur mit üblem Gestank« verbunden, weil sein Vater »meist auf dem Klo las«.

Ein Kellner beäugt mich skeptisch: Wonach ich denn suchen würde? Wolfgang Welt, entgegne ich, der sei früher öfters hier gewesen, kennen Sie den? Einer der größten Literaten des Ruhrgebiets! Ich reiche dem Kellner den Ausstellungsflyer, er blättert interessiert darin rum. Nein, den kenne er nicht. Er tippt in der Veranstaltungsübersicht auf das Foto Frank Goosens. Den habe er schonmal gesehen, ist der das? Ich verneine. Der Kellner befragt eine Kollegin, auch sie hat noch nie von Wolfgang Welt gehört. Der Kellner bittet mich, den Namen für ihn aufzuschreiben. Ich schreibe Wolfgang Welt auf einen Zettel und verlasse die Kultkneipe. Als ich wieder auf der Straße stehe, bin ich kaum schlauer als zuvor.

Am nächsten Tag fahre ich in die Bochumer City zum Schauspielhaus – abseits von Welts Heimatstadtteil Langendreer die erste Adresse einer jeden Wolfgang-Welt-Pilgerfahrt. Ich frage mich zum Pförtnerdienst durch, zu dem Glaskasten, in dem Welt gefühlt sein halbes Leben verbracht hat. Heute sitzt dort Frau C. Kiszka, und logo, sie erinnert sich, unterhält sich aber gerade mit einem Kollegen, wobei ich nicht stören möchte. Ich habe auch gar keine Fragen vorbereitet. Ich frage Frau C. Kiszka nach einem Foto (S. 47) und gehe wieder rüber ins Foyer, hole mir ein Bier und warte auf den Konzertbeginn.

Am nächsten Tag steht beim Stadtfest Bochum Total eine der besten Rock- und Popbands der Republik auf dem Programm: International Music aus Essen. Ihr Debütalbum heißt *Die besten Jahre* und war 2018 die »Platte des Jahres« im *Musikexpress*, und für den schrieb Welt in den 80ern einige seiner unvergesslichen Plattenkritiken. Während International Music auf der WDR 1LIVE-Bühne den lauen Sonntagnachmittag aufpeppen, komme ich zu der Überzeugung, dass Welt die Band geliebt hätte. In seinen originellen, oft urkomischen Verrissen für *Musikexpress*, *Sounds* und das Ruhrgebietsmagazin *Marabo* hatte Welt immer wieder »die erbärmliche Provinzialität der deutschen Musiker-Garde« moniert, allen voran Heinz Rudolf Kunze (»eine Null. Er selber weiß es am besten«) bekam dabei gehörig sein Fett weg. Der »singende Erhard Eppler« beschimpfte Welt im Gegenzug als »Aufsatz-Ayatollah«.

International Music sind das ganze Gegenteil von Provinzmief. Ihr Album ist eine Sternstunde der heimischen Popmusik, mit Texten, die glatt Welts Schreibmaschine entsprungen sein könnten. Bevorzugte Schauplätze sind Kneipen und gerne auch Bars, es dreht sich um Mädchen und Maloche, um Begehren und Vergeblichkeit; und so lässig der Habitus scheinen mag, so triumphiert auch mal letztere: »Knie kaputt / Frisur ist scheiße / Die besten Jahre sind vorbei.« Oder: »Mama, warum bekomm ich's immer so, wie ich es bestellt hab?«. Da erscheint vor meinem inneren Auge Welt, wie er – aus Geldnot wieder zuhause eingezogen – der Mutter sein Leid klagt. International Music at its best geht dann so: »Frauen müssen geil sein, Männer müssen cool sein, Jobs müssen Geld bringen.« Das ist Wolfgang Welt auf den Punkt gebracht. Die Texte des Trios mit dem anfangs ungooglebaren Namen scheinen mir analog zu Welts einstiger Lebenswirklichkeit. Durch einen kleinen Kniff wird der Bandname gar zur Welt-Referenz: International Weltmusic!

Ich verlasse Bochum in nördlicher Richtung. In diesen Gefilden hat Welt weniger Spuren hinterlassen. In Recklinghausen interviewte er mal den Countrymusiker Hank Williams Jr. und notierte: »Ich wußte gar nicht, daß es in in Recklinghausen ein Hotel gibt. Und dann noch so'n Bau. Das Barbarossa war wie ein Hilton.« Heute heißt das

Gegenüber: International Music auf der Bochum-Total-Bühne.

GRETSCH

Wellness im Maritim Gelsenkirchen

Barbarossa abwechselnd City Hotel Recklinghausen oder City Arkaden Hotel und wird in Online-Rezensionen abwechselnd als »renovierungsbedürftig«, »Stundenhotel« und »Absteige« beschrieben. So weit geht meine Welt-Liebe nicht. Ich werfe einen kurzen Blick in die Lobby und übernachte im Hotel Bergedick in Recklinghausen-Süd.

»In den Hotels, da gibt es Zimmer, die beleg' ich von time to time, um mich zu regenerieren«, singen International Music in einem ihrer Songs, und im Gelsenkirchener Maritim Hotel gelingt mir das besonders gut (S. 102). Das Maritim ist zwar auch etwas in die Jahre gekommen, versprüht allerdings noch den Charme und Glanz der 70er und 80er. Im Oktober 1981 waren die *Rockpalast*-Musiker hierhin »ausgeladen worden«, nachdem, so vermerkte Welt, der US-Rocker Mitch Ryder in dem üblichen *Rockpalast*-Hotel in Essen »die Möbel angespitzt« hatte. Welt lud sich zur Pressekonferenz von Roger Chapman »wieder selbst ein, und es war auch alles okay«. Während ich den Tag im Wellnessbereich ausklingen lasse, frage ich mich, welche Rockstars den Hotelpool wohl schon benutzt haben. Welt verorte ich eher in der hoteleigenen Bierstube. So schwer es ist, Welt auf die Schliche zu kommen: Es fühlt sich gut an, Orte zu finden, die sich in der Zwischenzeit kaum verändert haben. Das macht für mich die Magie von Orten wie dem Maritim aus, denn sie stellen eine Verbindung zwischen Wolfgang Welts und meiner Welt her.

Bedeutender für Welts Biografie ist ein anderes Hotel: das ehemalige Novotel, ganz in der Nähe vom Bochumer Ruhrstadion. Von hier wollte Welt die letzte *Dallas*-Folge an deutsche Zei-

Hier schrieb sich Welt verrückt: Im ehemaligen Novotel wurde Welt zu J.R. Ewing.

tungsredaktionen telexen. Hier hielt sich Welt für *Dallas*-Hauptfigur J.R. Ewing und wähnte in seiner Paranoia ein Filmteam auf seinen Fersen. Hier saß Welt barfuß in der Hotelbar und schrieb sich verrückt. Das Schreiben, das für Welt immer Alltagsflucht und Rettungsanker gewesen war (»Schreiben ist das Schönste auf der Welt!«), wurde zunehmend zum Katalysator seiner Schizophrenie, »eine Einladung zum Wahnsinn«, wie er es selbst ausdrückte. In seinem Roman *Der Tick* erzählt Welt von seinen psychotischen Phasen: »Die Leute vom Hotel guckten etwas verwundert. Sie konnten offensichtlich im Hinterzimmer den Text mitlesen.« Als ich am Novotel (mittlerweile gehört es zur Hotelkette H+) ankomme, fühle ich mich irgendwie fehl am Platz. Von außen dürfte sich das Novotel kaum verändert haben: ein braun-weißer Klotz mit altbackener Fassade. Bloß logieren hier keine Popjournalisten mehr. Oder australische Rockgruppen mit religiösen Namen. Und wohl auch keine Heinz Rudolf Kunzes – den Welt einst unweit einer Novotel-Gulaschkanone zu erspähen glaubte. Auf dem Parkplatz und in der Hotellobby tummeln sich vor allem Menschen, die zu *Starlight Express* wollen. Als Welt hier verkehrte, gab's das benachbarte Musicaltheater noch gar nicht.

An meinen letzten beiden Reisetagen fahre ich bei der Welt-Ausstellung (S. 225) und dem ehemaligen Elternhaus in Bochum-Langendreer vorbei. Am frühen Samstagnachmittag erreiche ich die Wilhelmshöhe. Trotz des Hochsommers erscheinen die Wohnhäuser grau und monoton. Die Welts wohnten in der Hauptstraße 51, die ehemaligen Opelwerke direkt gegenüber. Immerhin Hauptstraße, schießt es mir durch den Kopf: David Bowie lässt grüßen! Weiter südlich an der Hauptstraße, am Langendreerer Markt, hatte Welt seine letzte Wohnung. Zweimal Hauptstraße also. Ob hier wie für Bowie in Berlin auch irgendwann eine Gedenktafel aufgestellt wird? Ich schaue mich um. Den Eingang zieren – grau in grau – Muschelketten, Schmetterlingsdeko und Pflanzenkübel; die hibiskusartigen rosa Blüten sind die einzigen Farbtupfer. Ich gehe nach hinten raus in den Garten. Auf einer Fensterbank entdecke ich einen Marlboro-Aschenbecher mit ausgedrückter Kippe. Ich mustere den Aschenbecher andächtig. Der Zigarettenstummel erscheint mir fast surreal, wie eine Hinterlassenschaft von Welt höchstpersönlich – ein flüchtiges Wolfgang-Welt-Denkmal, an dem Welt vielleicht sogar ein wenig Gefallen gefunden hätte (auch wenn er selbst am liebsten Benson & Hedges kettenrauchte). Wahrscheinlicher aber hätte er gesagt, was er mal in einem Interview gesagt hat: »Mich interessiert das nicht, was über mich geschrieben wird.« Ruhe in Frieden, Wolfgang Welt.

Eine Hinterlassenschaft vom Buddy Holly auf der Wilhelmshöhe?

Tag 8, Bergbaurundweg Muttental Witten

Meine Mama sagt, ich mache zu wenig Naturfotos. Ihre Kritik ist berechtigt, denn die Hälfte meiner Wege geht durchs Grüne. Das Ruhrgebiet ist wirklich grün. Und gelb. Und bunt. Und früher war es bekanntlich schwarz: Die Kohlenflöze reichten im Muttental bis an die Erdoberfläche. Um die erste Kohle abzubauen, wurden einfach Löcher gebuddelt. Es folgten Kleinstzechen mit Stollen und ersten Schächten – die ältesten Formen des Untertagebaus. Der Beginn des Steinkohlebergbaus im Muttental wird auf das Jahr 1578 datiert. Verrückt!

Tag 8, Märkisches Museum Witten

Witten, back to you. Mir wurde gesagt, du seist die langweiligste Stadt im Ruhrgebiet. Dazu kann ich nicht viel sagen. Ich sage, du erschließt dich einem nicht auf den ersten Blick. Von Dortmund bin ich erstmal durch immergleiche kleinstädtische Vorortschaften gekommen. In der Bahnhofstraße siehst du aus wie Kassel (nichts gegen Kassel). Im Fußball kennt dich keiner. Dabei war dein Wittener FC 92 der erste Fußballverein im Westen und der dritte in ganz Deutschland. Du rühmst dich, die Wiege des Ruhrkohlebergbaus zu sein. Im Muttental ist es wirklich sehr idyllisch und grün. Du hast eine Kuhbar und ein Wiesenviertel. Im Knut's habe ich zum ersten Mal eine Detox-Bowl gegessen. Da bist du sogar ein bisschen Berlin. Das Ringhotel Parkhotel ist dann mehr so Sauerland Stern, trotzdem oder gerade deshalb bislang mein bestes Hotelerlebnis. Und bei dir im Klimbim hat meine Wolfgang-Welt-Spurensuche auf wundersame Weise begonnen.

Mein zweiter fester Programmpunkt: das Märkische Museum. Dort läuft eine Ausstellung über die 1969 gegründete Ruhrgebietskünstlergruppe B1 – benannt nach der damaligen Bundesstraße, die heute zum Ruhrschnellweg A40 gehört. Die Brücke in die Gegenwart schlägt die B1-Collage der Künstlergruppe Konsortium, die auch die Bahnunterführung in Hagen (S. 13) gestaltet hat. Leider muss ich nun schon weiter, Witten. Meinst du, wir würden uns langweilen, wenn wir mehr Zeit miteinander hätten?

B1
Dohr/Gräser

Tag 9, Sternwarte Bochum

Es zieht mich immer wieder nach Bochum!

Die Sternwarte – auch Radom genannt (ein Kofferwort aus Radar und Dom) – ist seit 1968 in Betrieb und empfing ein Jahr später Live-Aufnahmen der ersten Mondlandung. Laut dem Architekturführer *Big Beautiful Buildings* »ein bauliches Zeugnis der frühen europäischen Weltraumforschung«.

Tag 9, Ruhrtal Bochum-Stiepel

Stiepeler U.

Der Sage nach wurde in Bochum-Stiepel die erste Kohle entdeckt – von einem Schweinehirten namens Jörgen. Den Kindern im Ruhrgebiet wird diese Geschichte bereits in der Grundschule erzählt.

Tag 9, Gussstahlstrasse Bochum

»Keine Haare am Sack, aber im Puff drängeln!«, pflegte Frank Goosen sein Oppa zu sagen.

Der Bochumer Kabarettist, einer der umtriebigsten des Ruhrgebiets, wuchs unweit der Gußstahlstraße auf. Dort ist seit jeher das Rotlichtviertel zu finden – im Volksmund auch »anne Gurke« oder »auffen Eierberch« genannt.

Tag 9, Ruhr-Universität Bochum

Eines der architektonischen Highlights meiner Tour: die Ruhr-Universität Bochum. Mit dem Fahrrad gar nicht so leicht zu erkunden – Stichwort: autogerechte Stadt. Auf der Campus-Nordseite muss ich vier Parkhaus-Etagen nach unten radeln, um wieder auf die Straßenebene zu gelangen. Und egal wie ich das Audimax fotografiere, ich habe immer das Gefühl, die Kamera schief zu halten.

Tag 10, LWL-Industriemuseum Henrichshütte

Bislang mein liebstes Industriemuseum: die Hattinger Henrichshütte. Noch beeindruckender als die imposante Kulisse des Hochofens ist die Ausstellung *BOOM! Die Hütte zwischen Abbruch und Aufbruch*. Neben Duisburg-Rheinhausen ist wohl nirgendwo so entschlossen und solidarisch um den Erhalt von Arbeitsplätzen gekämpft worden – und an beiden Orten setzten Frauen die entscheidenden Impulse. 1987 zog eine Fraueninitiative in Gespensterkostümen durch die Hattinger Altstadt, um davor zu warnen, dass die Stahlstadt zum Geisterort wird. Eine der stärksten Stimmen der Arbeitskämpfe an der Ruhr war die Oberhausener Liedermacherin Fasia Jansen, die sich mit eingängigen Zeilen wie »Das Stahlwerk, das muss bleiben, keiner schiebt uns weg!« in die Herzen der Protestbewegung sang.

Tag 10, Hattinger Altstadt

Hattingen, du liegst ganz idyllisch an der Ruhr und hast eine pittoreske Altstadt. Sonst kann ich gar nicht viel zu dir sagen, denn ich bin oft woanders herumgeradelt und habe meine Abende in Bochum verbracht. Ich habe es genossen, auf deinem Kirchplatz zu sitzen, und von dir aus lässt sich die Ruhr in beide Richtungen erkunden. Meine Unterkunft an der Kosterbrücke hat sich da als idealer Ausgangspunkt erwiesen. Mit ihrem verwunschenen Charme und den vergilbten Autogrammkarten von Olaf Marschall und David Odonkor im Treppenhaus ist die alte Herberge an der Ruhr voll nach meinem Geschmack.

Ich mag auch deine Eisenmänner. Die hatten Zbigniew Frączkiewicz und dein Kunstverein vor der Henrichshütte aufgestellt (siehe das Foto rechts aus der *BOOM!*-Ausstellung). Mittlerweile haben einige davon einen Platz an deiner Stadtmauer gefunden, ein Miniatur-Eisenmann ziert sogar dein Altes Rathaus. Ich mag es, wie du so deine alte Geschichte mit der neueren verbindest. »Hattingen muß leben«, forderten deine Hüttenwerker 1987. Wie geht's dir heute, Hattingen?

Tag 10, Bochum-Hordel, Dahlhauser Heide

Ruhrgebiet der Kontraste, und voller Geschichte: In der Zechensiedlung Dahlhauser Heide verband Architekt Robert Schmohl – von 1891 bis 1924 Leiter des Kruppschen Baubüros – Gartenstadtideale mit altwestfälischem Heimatstil und verpasste der »Kappeskolonie« (in den hauseigenen Gärten wurde offenbar gerne Kohl angebaut) so ihren dörflichen Charakter.

Tag 10, Wanne-Eickel

Mein liebstes Foto! Kurt und Roswitha sind Cousin und Cousine meiner Oma mütterlicherseits. Als mir meine Eltern von der Verwandtschaft im Ruhrgebiet erzählten, habe ich mich zum Kaffeetrinken angekündigt. Kurt war früher Bahnbeamter und nutzt noch gerne die eine oder andere Freifahrt für einen Ausflug, Roswitha arbeitete als Reinigungskraft für die Stadt Bochum und wohnt gleich um die Ecke in Hordel. Kurts Frau Rita hat uns einen serbischen Nudeltopf gekocht. Herzallerliebste Verwandtschaft.

Tag 11, Hotel und Restaurant Meistertrunk Eickel

Über Wanne-Eickel wird landläufig gerne gelästert. »Lieber eine Flasche Bier als eine Wanne Eickel«, heißt es dann zum Beispiel. Passenderweise war mein Eickeler Hotel einst Traditionsausschank der benachbarten Hülsmann-Brauerei und der bezaubernde Hotelname bezieht sich auf eine bis heute überaus beliebte Bochumer Privatbrauerei: »Moritz Fiege's Meistertrunk« steht an der schicken Backsteinfassade. Das 1892 erbaute Haus ist denkmalgeschützt, im stuckverzierten Saal hängen einige pompöse Gemälde und im Thekenbereich staune ich über die historischen Fotos: In der Schankwirtschaft traf sich die feine Gesellschaft zum Umtrunk und vor dem Sud- und Treberhaus am Eickeler Markt stapelten sich mehrere Meter hohe Bierfässer. In Hochzeiten wurden bis zu 50.000 Flaschen am Tag abgefüllt.

Nicht nur in puncto Prunk und Historie bekommt das Hotel Meistertrunk eine Bestnote: Mein Zimmer geht nach vorne raus zur Johanneskirche und zum Eickeler Markt – mehr Downtown Eickel geht nicht. Trotzdem ist es sehr ruhig und behaglich. Schräg gegenüber befindet sich das bauhistorische Schmuckstück Eickels: das 1912 errichtete Turmhaus der Brauerei. Das süffige Bier hieß übrigens Eickel-Pils. Somit ließe sich den ignoranten Lästermäulern entgegnen: Lieber eine Wanne Eickel als eine Flasche Bier. Zum Wohl!

Tag 11, Zeche Pluto

Mond von Wanne-Eickel über Pluto.

»Nichts ist so schön wie der Mond von Wanne-Eickel.«
(Friedel Hensch & die Cyprys, *Der Mond von Wanne-Eickel*, 1962)

Tag 11, Wanne-Eickel

»Und jede Nacht am Kanal von Wanne-Eickel
ist voller Duft wie die Nächte von Hawaii.«
(Friedel Hensch & die Cyprys, *Der Mond von Wanne-Eickel*, 1962)

Um neun Uhr abends am Rhein-Herne-Kanal. Links im Bild ist die Halde Hoheward mit dem Horizontobservatorium (S. 92) zu erkennen, rechts das STEAG-Heizkraftwerk in Herne-Baukau.

Tag 12, Zeche Erin Castrop-Rauxel

Was für ein schönes Grün am Förderturm der Zeche Erin. Die Farbwahl ist kein Zufall: Zechengründer war der irische Unternehmer William Thomas Mulvany, der sich nach seiner Übersiedlung 1855 schnell einen Namen in der deutschen Wirtschaftselite machte und wegweisende Ideen wie den Bau eines »Emscherkanals« hatte. In Castrop-Rauxel, Gelsenkirchen, Herne und seinem langjährigen Wohnort Düsseldorf sind heute Straßen nach ihm benannt. Erin ist übrigens die latinisierte Form des gälischen Namens von Irland.

Tag 12, Stadtmitte Castrop-Rauxel

Eigentlich als neue Stadtmitte geplant, ist der Europaplatz heute – mitten in der Woche – ziemlich menschenleer. Das sprungschanzenartige Gebäudeensemble aus Rathaus, Stadt- und Europahalle wurde von den dänischen Star-Architekten Arne Jacobsen und Otto Weitling entworfen und zwischen 1966 und 1976 realisiert.

Angeblich halten einige Menschen Castrop-Rauxel für einen Scherz. Dabei hat es sogar eine Altstadt, ein Wasserschloss und mehrere denkmalgeschützte Herrensitze (das Haus Goldschmieding war Mulvanys Sommerresidenz). Und auf dem Ortsschild steht: »Fairtrade-Stadt Castrop-Rauxel«. Good to know!

Tag 12, Oer-Erkenschwick

Vor einem halben Jahrhundert sprach Horst Wohlers, Libero beim FC St. Pauli, den vielzitierten Satz: »Von Erkenschwick wissen wir nur, daß es dort eine Zeche und einen Fußballplatz gibt.«

Den Fußballplatz (gemeint war das Stimberg-Stadion) gibt's noch immer, heute erlebe ich da ein Jugend-Leichtathletikfest. Die Zeche Ewald Fortsetzung hat bereits 1992 dichtgemacht und seitdem gammelt der Förderturm vor sich hin.

Dennoch hat sich am Fuße des Förderturms junge Gastronomie niedergelassen und ein Burgerrestaurant frisch eröffnet. Ein Lokal, das ich an diesem Ort nie erwartet hätte: stylisches Interieur in alten Industriehallen, dazu leckere Pommes und ein schön scharfer Hot Baba Burger. Ein Abstecher nach Oer-Erkenschwick lohnt sich! Den hat Hollywood-Star Leonardo DiCaprio auch regelmäßig gemacht, als seine Oma Helene hier noch lebte. Apropos Filmindustrie: Der erste Berufswunsch von *Das Wunder von Bern*-Regisseur Sönke Wortmann war Profifußballer. Der SpVgg Erkenschwick verhalf der Marler Bergmannssohn 1980 mit einem Tor zum bis dato letzten Aufstieg in die 2. Bundesliga.

Tag 12, Emschertal zwischen Castrop-Rauxel und Dortmund

Sieht idyllisch aus, stinkt aber: Selbst hier im Emschertal ist der Kloakengeruch unverkennbar. Die Emscher diente seit Beginn der Industrialisierung als offener Abwasserkanal, wurde zum größten Abwassersystem der Welt und ist noch heute Deutschlands dreckigster Fluss. »Kein Fluss der Welt ist so abwechslungsreich in seiner Abscheulichkeit«, protokollierte der Reisejournalist Michael Holzach (*Zeitmagazin*, *Geo*) in seinem 1982 veröffentlichten Kultbuch *Deutschland umsonst: Zu Fuß und ohne Geld durch ein Wohlstandsland*. Seinen tragischen Unfalltod in der betonierten Emscher im April 1983 ahnte der Mittdreißiger darin offenbar voraus: »Mühsam schlängelt sich der tote Fluss durch die Außenbezirke der Stadt [Dortmund], und entsprechend beschwerlich ist mein Vorankommen. Dauernd behindern mich Stacheldrahtzäune, Wehrmauern, finstere Tunnels, rutschige Uferwege; wenn das so weitergeht, brauche ich noch Wochen bis Bochum. Und wo soll ich bloß schlafen an diesem stinkenden Styx, hier gibt es nicht mal einen Fährmann, in dessen Kahn ich vielleicht unterschlupfen könnte.«

Tag 13, Ruhr-Universität Bochum

Bochum, ich habe mich gar nicht von dir verabschiedet. Ich war auch nur kurz bei dir, und das vor allem abends, weil das eine Hotel im Wald lag, direkt bei der Ruhr-Uni, und das andere in Hattingen. Ich weiß nicht, wie oft ich deine Königsallee rauf- und runtergeradelt bin, und deinen neuen Springorum-Radweg, der ist cool. Modenschauen gab's nirgendwo. Dafür hast du wohl einen Pulsschlag aus Kultur. Da bist du manchmal sogar ein bisschen Weltstadt. »London, Paris ... Bochum«, steht auf dem Banner am Schauspielhaus. Das ist bestimmt mit Augenzwinkern gemeint. Egal, für mich war Pantha du Prince das Konzerterlebnis des Jahres: Techno im Theater, und dazu in einem so wunderschönen – danke dafür! Wolfgang Welts alten Arbeitsplatz habe ich nebenbei auch begutachten können (S. 47). Zufällig bin ich auf dem Weg zum Schauspielhaus in Bochum Total hineingeraten. Da war ich ein bisschen überfordert von den Menschenmassen, und aus Versehen war ich plötzlich mitten im Bermuda3eck. Ich habe erfahren, dass Bochum Total das größte Umsonst- und Draußenfestival ist. Das freut mich für dich. Aber wie kann es sein, dass eine der besten Live-Bands der Republik – International Music (S. 59) – sonntags um 17 Uhr auf der Bühne steht und nicht Freitag- oder Samstagabend? Sind doch quasi auch Lokalmatadoren. Na, schon gut. Ich komme bald wieder. Bis dahin: Glück auf, Bochum!

Tag 13, Mitte des Ruhrgebiets Herne-Röhlinghausen

Am Mittelpunkt angekommen – pünktlich zur Halbzeit meiner Tour.

Wer's philosophischer mag, findet im Herner Kunstwald Teutoburgia Ruhrsandsteine mit Zitaten wie »Die Zeit hat Geduld«.

Tag 13, Gaststätte Zum Adler Herne-Eickel

»Jetzt würde ich eigentlich gerne was über den Niedergang der Vorortkneipe im Ruhrgebiet schreiben.«
(Wolfgang Welt, *Peggy Sue*, 1986)

Tag 14, Herne

Herne, ich habe gelernt, es gibt Herne 1 und Herne 2. Mein Hotel liegt in Herne 2 alias Wanne-Eickel. Wanne-Eickel und Herne mögen sich nicht besonders. Und wer etwas auf sich hält, wohnt in Eickel und nicht in Wanne, hat mir der junge Mann an der Hotelrezeption erklärt. Ist das kompliziert bei dir!

Herne, du warst mal »die Goldene Stadt«, das halbe Ruhrgebiet kam zum Flanieren in deine City. Das war in den 50ern. Mittlerweile glänzt du nicht mehr so sehr, viele Ladenlokale stehen leer, und deine Shoppingmeile in der Bahnhofstraße erinnert mich architektonisch an Priština (das soll kein Diss sein: ich mag Priština). Dafür bist du bunt: In den Straßen hängen die verschiedensten Länderflaggen, als wäre gerade Fußball-Weltmeisterschaft, und ich bin an einem Chinaimbiss vorbeigeradelt, der mit chinesischen, deutschen und italienischen Spezialitäten wirbt. Das gibt's nur hier im Ruhrpott!

Auch aus der Populärkultur bist du nicht wegzudenken. Kein Gassenhauer ist so dufte wie *Der Mond von Wanne-Eickel* und deine prominente Metzgersgattin Else Stratmann hat sich unsterblich gemacht als Deutschlands schnoddrigste Adelsexpertin. Merkwürdig, dass du trotzdem den Ruf hast, grau und provinziell zu sein. 2018 warst du im ZDF-Städteranking auf dem vorletzten Platz: 400. Was ist da passiert? Du bist doch der geografische Mittelpunkt des Ruhrgebiets! Dooferweise wird dein Zentrum von einer Autobahn zerteilt.

Dafür hast du ein eigenes Meer. Welche westdeutsche Stadt kann das schon von sich behaupten? Im Volksmund wird es die »Kumpel-Riviera« genannt und es werden abenteuerliche Geschichten erzählt von prahlerischen Brückenspringern und Badenden, die vorbeifahrende Schleppkähne enterten. Der Archetyp eines Revierkumpels ist Adolf Tegtmeier, das kleinbürgerliche Alter Ego von Jürgen von Manger, der als Urvater des Ruhrpott-Kabaretts unerreicht geblieben ist. Bis zu seinem Tod 1994 lebte der Fernsehstar, dem du eine Straße gewidmet hast, unweit deines Stadtgartens.

Deine letzte Zeche hat bereits 1978 geschlossen und seitdem ist deine Kumpelkultur in die Jahre gekommen. Am Herner Meer entdecke ich bloß ein paar Wildcamper. Wildpferde sehe ich keine, obwohl ein Pferd dein Stadtwappen ziert, ein Emscherbrücher, um genau zu sein. Vor der Industrialisierung lebten sie in freier Wildbahn an der Emscher. Die war damals noch kein offener, begradigter Abwasserkanal, sondern eine sich romantisch schlängelnde Moorlandschaft. Den »Emscherbrücher Dickköppen« verdankst du sogar deine Cranger Kirmes: Das größte Volksfest Nordrhein-Westfalens war ursprünglich ein Pferdemarkt und hat das freche Grubenpferd Fritz als Maskottchen. Ein Pferd entdecke ich dann doch noch: vor der »Verrutschten Torte« am Hölkeskampring. Goldig!

Tag 14, Gartenstadt Teutoburgia Herne

Zwei Ruhrgebietsklischees vereint auf einem Bild: Aufgemotztes Auto in der hübschen Zechensiedlung Teutoburgia.

Tag 14, Recklinghausen-Hochlarmark

Ruhrgebiet alt vs. neu: Trinkhalle und Landmarke.

ISERLOHNER
TRINKHALLE
T· ABAZI
DORTMUNDER
KRONEN
KRONEN
KRONEN

Tag 14, Umspannwerk Recklinghausen

»Täglich fahren Reisende durchs Revier. Sie sehen eine phantastische, fremdartige Welt. Und weil sie ihnen fremd ist, verstehen sie sie falsch, sehen sie nur das Äußere, die Kulisse: Von Hamm bis Duisburg eine einzige mechanisierte eisenklirrende Welt, dicht bestanden von gigantischen Maschinen, aus denen lohende Feuer in die grauen Rauchschleier schlagen.«
(Georg Schwarz, *Kohlenpott*, 1931)

Tag 14, Ruhrfestspielhaus Recklinghausen

Recklinghausen, du magst dramatische Auftritte. Du hast mit »Kunst für Kohle« eine der schönsten und bewegendsten Geschichten des Ruhrgebiets geschrieben. Als ich mir die Heimat deiner Ruhrfestspiele anschauen will, erwischt mich ein fieser Gewitterregen. Leider ist das Dach deines Ruhrfestspielhauses kein Dach. Ich bin klitschnass wieder in meinem Hotel in Recklinghausen-Süd angekommen.

Ein anderer geschichtsträchtiger Ort ist deine Trabrennbahn. Ein Mann aus einem der Kleingärten dort hat mir erzählt, dass es mal die schnellste Pferderennstrecke Europas gewesen sei, und in den Stallungen auf der Rückseite hätten bis zu 400 Pferde Platz gefunden. Leider verkommt das Gelände mit der brutalistischen Haupttribüne seit einigen Jahren und ist großflächig mit Bauzäunen abgesperrt – ein Paradies für Urban Explorer. Es gibt Pläne, dass hier bald ein See mit Wohnhäusern entsteht. Ich hoffe, ihr nehmt euch da den Phoenix-See nicht zum Vorbild.

Abende lassen sich gut an deinem Stadthafen ausklingen, auch bei Gewitter ist es da ganz gemütlich. Die Wortspiele mit Vest (»Vestlich übernachten«, »vestliche Rabatte« usw.) übertreibst du allerdings ein wenig.

Tag 15, Schloss Westerholt

Kaffeepause im Alten Dorf Westerholt. Wo sich heute vor allem Golfspieler beobachten lassen, eröffnete 1968 ein legendenumrankter Löwenpark, der zunächst als »spinnerte Idee« eines Adligen abgetan wurde. Initiator war Schlossherr Graf Egon von Westerholt, der – nicht frei von Spott – auch »Graf Löwenherz« und »Löwen-Egon« genannt wurde. Der Safaripark mit Freigehege im angrenzenden Westerholter Wald konnte mit dem Auto durchfahren werden und war eine Sensation, ähnliche Parks gab es nur in England und den USA. »Safari-Feeling im Kohlenpott!« hieß es damals; zu den prominenten Tierpaten der insgesamt etwa fünfzig Löwen zählten Max Schmeling und Willy Millowitsch. 1988 schloss der Löwenpark seine Pforten, übrig geblieben ist einzig das China Restaurant Löwenpark. Nach der Renovierung des Schlosses gründete sich 1993 der Golfclub Schloss Westerholt. Im Eingangsbereich des Wasserschlosses ist der 2002 verstorbene Graf Egon von Westerholt golfspielend porträtiert.

Tag 15, Marl

Nächste Station: Marl.

Wie die Zeiten sich ändern. Folgende Zeilen schrieb der Kulturjournalist Horst Krüger vor fünfzig Jahren über das kurz zuvor eröffnete Rathaus Marl (entworfen von den niederländischen Star-Architekten Jacob Berend Bakema und Johannes Hendrik van den Broek):

»Zwischen dieser grauen und tristen Welt aus Hochöfen und Kühltürmen, aus Schuppen und Schächten gibt es Inseln atemloser Modernität. [...] Man muß etwas tun im Ruhrgebiet, sagte die Stimme des schlechten Gewissens zuweilen. Man muß etwas unternehmen, etwas ganz Neues und noch nie Dagewesenes. Hier ist doch ein großes Feld für Experimente. Von Zeit zu Zeit überfiel die Raumordner, die Bürgermeister, die Stadtplaner diese Stimme des schlechten Gewissens. Sie erzeugte jene Inseln verwegener Zukunftsmodelle, die mit zum verwirrenden Bild des Reviers heute gehören. Trostlos, uralt und verrostet und dazwischen gelegentlich hinreißend modern – erst das ergibt die Wahrheit des Reviers. Die Stadt Marl zum Beispiel: Im Niemandsland verkarsteter Felder, umgeben von den fernen Silhouetten der Industriekolosse, wird hier an einer Traumstadt der Zukunft gebaut: Marl ist das deutsche Klein-Brasilia. Ich sah auf freiem Felde das kühnste und verwegenste Rathaus der Deutschen stehen – warum berichtet uns kein ›Report‹, kein ›Panorama‹ darüber?«

La Tortuga (dt: *Die Schildkröte*) heißt die rostige Eisenbahn des Berliner Aktionskünstlers Wolf Vostell, die 1993 kopfüber vor dem Theater Marl installiert wurde – übrigens nicht als Symbol des Stillstands.

Tag 15, Marl

Marl, ich war so gespannt, dich kennenzulernen. Im *Merkur* wurdest du als »hinreißend modern« und »Traumstadt der Zukunft« bezeichnet. Das ist viele Jahre her. Leider bist du ein Torso geblieben, und ja, irgendwie ist das ziemlich bedrückend für mich – bedrückender als Neu-Belgrad, eine andere gescheiterte Utopie. Wenn ein Farbfoto aussieht, als wäre es schwarz-weiß, dann kann irgendwas nicht stimmen, liebes Marl. An deinem City-See bewundere ich dein Rathaus (Foto links), doch der Platz davor ist menschenleer und die Fahnenmasten am See klackern unheilvoll im Wind. Fünfzig Meter weiter, vorm Eingang des Marler Sterns, hast du einen weiteren filmreifen Auftritt für mich parat: Tumbleweed rollt an mir vorbei. Echt jetzt! Ist deine City immer so gespenstisch? Da können einen leider auch die vielen bunten Skulpturen kaum aufheitern. Wo sind überhaupt deine Cafés und Restaurants, wo sind die Menschen, wo ist das Leben? Du wirkst so leblos. Erst abends in der Kneipe habe ich das Gefühl, dass du lebst. Vielleicht habe ich auch einfach nur den verkehrten Tag erwischt.

PS: »Leider gehört es zu den ehernen Gesetzen des Unterwegsseins, dass gerade die Orte, die man mit den höchsten Erwartungen besucht, besonderes Potenzial für Enttäuschungen bereithalten«, hat der Reisejournalist Stephan Orth mal festgestellt.

MARLER
STERN

Tag 16, BahnhofsCenter Gelsenkirchen

»Gelsenkirchen ist nichts für Reiseführer. Diese bevorzugen übersichtliche Städte mit gut erhaltener Altstadt, einigen bemerkenswerten Fachwerkbauten und dem Dom aus dem 14. Jahrhundert (spätgotischer Altar im rechten Seitenschiff). Gelsenkirchen besitzt nichts von alldem, ist aber trotzdem eine Stadt. Wenn man von der Autobahn her kommt, weiß man nicht, soll man links, rechts oder geradeaus fahren, denn überall geht es nach Gelsenkirchen.«
(Franz Hohler, *Idyllen*, 1970)

Tag 16, Maritim Hotel Gelsenkirchen

Meine Wolfgang-Welt-Pilgerfahrt geht weiter. Im Gelsenkirchener Maritim wurden 1981 die Bands vom WDR-*Rockpalast* untergebracht; Welt war damals auch da, um Roger Chapman zu interviewen:

»Weil aber der amerikanische Sänger Mitch Ryder mal in dem üblichen Hotel in der Ruhrmetropole die Möbel angespitzt hatte, waren die Künstler nach Gelsenkirchen ins Maritim ausgeladen worden. Ich lud mich wieder selbst ein, und es war auch alles okay.« (Wolfgang Welt, *Der Tick*, 2001)

MARITIM

Tag 16, Auf Schalke

Fußball-Fun-Fact 1 (laut Hans Dieter Baroth): »Die Königsblauen kickten in ihren Gründerjahren in wechselnden Farben. Die verhassten Borussen aus Dortmund spielten zu jener Zeit in Blauweiß.«

Fußball-Fun-Fact 2 (laut Hans Dieter Baroth): Die Veltins-Arena liegt näher an Herten als am Gelsenkirchener Hauptbahnhof.

Fußball-Fun-Fact 3 (laut Michael Klaus): »Die Bauernschaft Schalke ist unter den wechselnden Namen Scadeleke, Scedelike, Schedelicke, Schedelike, Schalicke und Schaleke seit dem 12. Jahrhundert nachweisbar.«

Schalker
Oase
SCHALKER
OASE
SCHALKER
OASE
S04

Tag 16, Zeche Consolidation Schacht IX

Als ich gegenüber der Schalker Oase die U-Bahnstation Bergwerk Consolidation fotografiere, lachen mich drei Jugendliche aus. Hömma Jungs, vom richtigen Schacht hab ich auch ein Foto!

Tag 16, Maritim Hotel Gelsenkirchen

»Wir hatten jeden Abend Abendrot, es war zwar nicht die Sonne, sondern die Hochöfen, aber es war etwas Besonderes.« (Elke Heidenreich)

Morgens im Nordsternpark hat sich der *Herkules von Gelsenkirchen* nicht von seiner besten Seite gezeigt. Dafür abends umso mehr von meinem Hotelbalkon im zwölften Stock: Sonnenuntergangspanorama über der einstigen »Stadt der tausend Feuer«!

Tag 17, Gelsenkirchen

Gelsenkirchen, 401 muss eine traumatische Zahl für dich sein. Im ZDF-Städteranking warst du 2018 auf dem letzten Platz: 401 von 401! Lass dich davon nicht unterkriegen, irgendwer muss schließlich Letzter werden. Merke: #allcitiesarebeautiful – auch du! Das meine ich ernst. Dabei habe ich mit dem Schlimmsten gerechnet. Eben wegen Platz 401, und auch wegen der Geschichte mit den Schrottimmobilien. Und dann in Buer: eine lebendige Stadt mit Markt, Kunstmuseum, feinen Cafés und dem alten Schauburg-Kino. Und irritierenderweise einer Schickeria, die sich nachmittags zum Weintrinken in noblen Ferrari-Lounges trifft und gegenüber beim Rolex-Händler einkauft. Da dachte ich zwischendurch, ich sei auf Sylt. Deine Altstadt präsentiert sich da etwas anders, ist aber auch voll okay. Und dort sind mit dem Musiktheater im Revier und Hans-Sachs-Haus deine beiden Prachtbauten zu finden. Das Maritim direkt an deinem Stadtgarten ist mein bisher luxuriösestes Hotel, und bei Bang Bang Burgers habe ich den allerbesten Burger gegessen: Ernst Kuzorra seine Frau ihr Burger. Und der Falafelteller am Schalker Hannes kann auch was. Deine Schalker Meile rund um die Hülsmannstraße und Glückauf-Kampfbahn ist leider etwas heruntergekommen. Hat das auch mit den Schrottimmobilien zu tun, oder gehört sich das so als echter Arbeiterverein?

Und wie war das nochmal mit dem Gelsenkirchener Barock?!

SPIELFORUM
SPIELFORUM

Getränke
RWB
EINGANG

Tag 17, Essen

Helmut-Rahn-Statue vor dem Stadion in der Hafenstraße.

Morgens bin ich im Essener Norden an dem Haus vorbeigekommen, in dem der WM-Held von 1954 aufgewachsen ist. Früher war das mal eine richtige Arbeitersiedlung (zu erkennen am Schornstein der ehemaligen Olsberg-Gießerei), heute leben hier offenbar vermehrt Besserverdienende (zu erkennen am BMW vor der Doppelhaushälfte, siehe S. 115).

Mein Glück: Der Besitzer kommt aus dem Haus, netter Typ, wohnt da seit 1983. Ich frage nach Rahn, er nickt, ja, der habe hier gewohnt. Und: »Der hätte zu Real Madrid wechseln sollen! Dann hätte er ausgesorgt!« Stattdessen sei Rahn mit seinem Bruder Hans in den Gebrauchtwagenhandel eingestiegen, die beiden hätten aber »keine vernünftigen Autos« gehabt.

Der Mann weiß, wovon er spricht: Der BMW 316ti vor der Tür ist sein Zweitwagen und wird bestens gepflegt – nicht so wie die Autos der Gebrüder Rahn. Er berichtet, was zuletzt alles daran gemacht worden sei (ich kann mich leider nicht an alle Details erinnern): »[…] Achsvermessung: gemacht. Servopumpe: gemacht. Alles gemacht!«

Ich lenke das Gespräch wieder auf Rahn und frage, ob öfters Leute nach Rahn fragen. »Nee, nur die *Bild* war mal da. Aber das ist zehn Jahre her.«

WAZ

Tag 17, Essen-Rüttenscheid

Hier war mal eine viereckige Coca-Cola-Werbung!

Die Stelle habe ich vor ein paar Jahren bei einem Wochenendtrip nach Essen fotografiert (S. 10).

Tag 18, Rhein-Ruhr-Zentrum Mülheim

»Im Ruhrgebiet des Strukturwandels gehören Rentner und Kaufhäuser zusammen wie Eisen und Schlägel. Kaum war in den sechziger Jahren die erste große Welle des Zechensterbens über das Revier gerollt, wuchsen auf den ehemaligen Bergwerksgeländen die Konsumburgen. So konnte sich das Rhein-Ruhr-Zentrum in Mülheim-Heißen bei seiner Eröffnung 1973 stolz ›Deutschland größtes Einkaufszentrum‹ nennen. Wie einst wird dort Kohle gemacht, nur eben andere. So finden auf wundersame Art die ehemaligen Kumpel als Rentner zu ihren alten Arbeitsstellen zurück.«

Diese Zeilen schrieb Peter Krauskopf 1993 für das *Merian*-Magazin. Der 1955 in Essen geborene Bergmannssohn, der sich als »Produkt, Nutznießer und Opfer des Strukturwandels« beschreibt, war über zwanzig Jahre in der Chefredaktion des beliebten Kultur- und Stadtmagazins *Marabo*. Eine der provokantesten Titelschlagzeilen lautete in den frühen 80ern: »Das Ruhrgebiet ist ein Irrtum, der mit der Industrialisierung verschwinden wird«. Das Zitat stammt aus einem Interview mit dem Dortmunder Schriftsteller Wolfgang Körner, das ein Filou namens Wolfgang Welt eingereicht hatte. In seinem Roman *Der Tick* ist die kuriose Entstehungsgeschichte nachzulesen:

»Montags erhielt ich einen großen Umschlag per Post. Er war von Körner. Er schrieb mir, daß ich ja wenig Zeit hätte, deshalb hätte er an meiner Stelle ein Interview mit sich selbst geführt und so intelligente Fragen gestellt, wie ich sie gestellt hätte. Ich überflog die 15 Seiten. Es ging ums Ruhrgebiet allgemein, wie Körner es sah, um die SPD und daß diese Ecke ein Irrtum sei, der mit dem Ende der Schwerindustrie aufhören würde. [...] Ich fand das Interview toll und druckreif und fuhr sofort damit zum *Marabo*.«

Tag 18, Bahnhof Essen-Borbeck

»Die dunklen Kolonnen der Menschen, die zur Arbeit gehen.
Die dunklen Kolonnen der Menschen, die von der Arbeit kommen.«
(Heinrich Hauser, *Schwarzes Revier*, 1930)

Borbeck war Ende des 19. Jahrhunderts das größte Industriedorf: 100.000 Einwohner:innen und trotzdem keine Stadtrechte. Das benachbarte Essen (in das Borbeck 1915 eingemeindet wurde) war ungefähr genauso groß. Fünfzig Jahre zuvor hatte das gesamte Ruhrgebiet 100.000 Einwohner:innen – was für eine Bevölkerungsexplosion.

Seltsamerweise gibt es in Borbeck neben der alten Dampfbierbrauerei keine industriekulturellen Attraktionen. Der Bahnhof ist aber ganz süß, und auch süß, wie mir die Menschen ins Bild gelaufen sind – das war nicht einstudiert!

Tag 18, Bottrop-Boy

Mögliche Bildunterschriften:
Bottrop Boy.
Im Boytal (so heißt die Straße).
Boy ist mir ins Bild gelaufen.
Oh Boy!

Jahrelang war Bottrop der Running Gag der deutschen Medienlandschaft. »Bottrop war Synonym für dreckige Provinz« (siehe auch S. 138), berichtet mir der Bottroper Verleger Werner Boschmann, der 1994 als Gymnasiallehrer mit seiner Klasse die Aktion *Bottrop auf die Wetterkarte* initiierte. Mit erstaunlichem Erfolg: Am 8. März 1994 zierte Bottrop die Wetterkarten aller großen TV-Sender, zahlreiche überregionale Zeitungen und sogar die Lufthansa zogen bei dem PR-Coup mit. So lautete deutschlandweit in Wetterberichten für einen Tag die Zeile zwischen Barcelona und Casablanca: »Bottrop, 7 Grad, heiter«.

Das Bottroper Wetter heute: 20 Grad, bewölkt.

Tag 18, Grugahalle Essen

Beverly Hills in Essen! War es *Die Zeit*, die irgendwann mal »Los Angeles an der Ruhr« titelte? »Ruhr Angeles« ist deshalb so treffend, weil die Stadt der Engel ähnlich staugeplagt, ähnlich stark zersiedelt und weiträumig ist wie das Ruhrgebiet. Als Social-Media-Schlagwort hat sich indes »Ruhr York« durchgesetzt (S. 132).

In der wunderbar-schmetterlingsförmigen Grugahalle – leider aktuell zugebaut mit Jahrmarktbuden und Karussells – haben schon die Beatles und Rolling Stones gespielt, und auch Adenauer war mal da.

Müller-Essen
DER SCOOTER
Wir machen
Freizeit

Tag 19, Poco-Domäne Essen

Die Baumarktdichte ist weltrekordverdächtig!

In der Gegenwartsausstellung vom Ruhr-Museum sagt ein Kabarettist über das Ruhrgebiet, dass es »immer mehr Baumärkte, immer schönere Baumärkte« bekäme – auch das ist Strukturwandel.

Auf dem Foto seht ihr: den SUPERWOHNMARKT (a.k.a. Poco).

Tag 19, ABC Schuhe Bottrop

Bottroper ABC.

Kennt noch wer das kultverdächtige Tanzlokal Studio B? Und die *Bottroper Protokolle*? Erika Runges 1968 veröffentlichter Interviewmarathon mit Bottroper Bürger:innen entwarf eine soziale Topografie des Ruhrgebiets und gilt als Meilenstein der Dokumentarliteratur.

Die amüsanteste Passage (stellt euch dazu die Stimme einer schnippischen Ruhrpott-Omma vor): »Die Kinder wissen ja nicht mehr, was sie wollen. Auch die Väter wissen nicht, was sie wollen. Die wissen auch mit ihrer Zeit nichts anzufangen. Dass wir 5-Tage-Woche haben, meines Erachtens sollte der Mensch ruhig sechs Tage arbeiten! Also das wäre doch für manchen, überhaupt für die Jugend [das Beste], die kommen doch auf diese Dummheiten, auf diese Ideen. Tanzen gehen! In so Snackbars oder wie man das nennt. Oder Studio B. Ja, was passiert dann, allerhand!«

Das Schuh-Wandbild ist von Valentina Maldinger.

ABC

Tag 19, Essen-Bergeborbeck

Im Frühjahr 2019 ist ein Bildband namens *Treffpunkt Trinkhalle* erschienen. Eine fotografische Sammlung der schönsten Ruhrgebietstrinkhallen. Die beiden Herausgeber Reinaldo Coddou H. und Jan-Henrik Gruszecki schreiben darin, dass es noch knapp 20.000 Trinkhallen im Ruhrgebiet gäbe, jedes Jahr aber etwa 250 geschlossen würden.

Diese Verkaufshalle habe ich in der Nähe des ehemaligen Zechengeländes Levin entdeckt.

Coca-Cola
Verkaufshalle
Coca-Cola
WAZ
WAZ
NRZ
WAZ
NRZ

Tag 19, Kreuz Essen-Nord

»Übrigens habe ich irgendwann mal gesagt, das Ruhrgebiet sei New York. Es ist längst New York, nur wissen das die vielen Dörfer noch nicht, die dieses New York ausmachen.«
(Claus Peymann, Ex-Intendant am Schauspielhaus Bochum)

Tag 18, Rhein-Ruhr-Zentrum Mülheim

»Das Ruhrgebiet ist nicht New York, sondern das Gegenteil von New York. Das ist weder gut noch schlecht, dafür ist es einmalig. Denn das Ruhrgebiet ist weltweit die einzige Großstadt, die speziell für Kleinstädter gebaut wurde. Oder anders ausgedrückt: Das Ruhrgebiet ist die einzige Kleinstadt, in der Großstädter nicht auffallen. Oder anders ausgedrückt: Im Ruhrgebiet fällt einem Großstädter nur dann auf, dass er ein Kleinstädter geblieben ist, wenn es sich um einen wirklichen Großstädter handelt. Oder anders ausgedrückt: Wer im Ruhrgebiet zum Großstädter geworden ist, merkt das erst, wenn er aus Versehen nach Köln kommt. Dann möchte er jedoch sofort weiter nach Paris und London und landet schließlich in New York. Hier begreift er endlich, dass Peymann lügt. Sonst wäre er ja auch in Bochum geblieben, denn das Ruhrgebiet ist nicht New York, sondern das Gegenteil von New York.« (Arnold Voß, *Hymne an das Ruhrgebiet*, 1990)

Tag 19, Deutsche Rockwool Gladbeck

Industriearchitektur im Ruhrpott kann auch futuristisch sein!

Tag 19, RAG Bergwerk Prosper-Haniel, Schacht 10

Stellt euch vor, Deutschland produziert kein einziges Auto mehr. Undenkbar? Eine ähnliche Dimension hat das Ende der Steinkohleförderung für das Ruhrgebiet. Über mehrere hundert Jahre hat nichts so sehr das Revier geprägt wie der Kohlebergbau. »Das Ruhrgebiet wurde von der Kohle regiert«, sagt *Tatort*-Schauspieler Klaus Behrendt. Und so dankte die Kohle auch wie ein scheidender König ab: Hier an Schacht 10 des Bergwerks Prosper-Haniel erhielt Bundespräsident Frank-Walter Steinmeier am 21. Dezember 2018 das letzte abgebaute Steinkohlestück aus einem deutschen Bergwerk.

Den Ort dieses symbolischen Akts will ich unbedingt besichtigen. Ich habe allerdings gedacht, dass die Zeche zentraler in Bottrop gelegen ist. Denkste! Schacht 10 liegt im Norden Bottrops in Kirchhellen, ganze dreizehn Kilometer vom Tetraeder entfernt. Eine halbe Stunde bin ich durch die Kirchheller Heide geradelt – Schacht 10 liegt echt voll in der Pampa! Leider ist der Zutritt auf das Areal verboten (nachzulesen ab S. 146). Dafür habe ich eine nette Unterhaltung mit dem Pförtner und einem alten Kumpel von der Zeche Auguste Victoria, während es Pommes von Gabi aus der Werkskantine gegenüber gibt. Ein kleiner Auszug aus unserem Gespräch:

Pförtner: »Was machst du überhaupt hier mit deinem Rad?«
Ich: »Ich radel durchs Ruhrgebiet.«
Pförtner: »Und schaust dir alte Zechen an?«
Ich: »Nee, alles. Ich versuche, das Ruhrgebiet zu verstehen.«
Pförtner: »Das Ruhrgebiet versteht keiner!«

Allein dafür hat's sich gelohnt.

RAG
Deutsche Steinkohle
Bergwerk Prosper-Haniel
RAG

Tag 19, Kokerei Prosper Bottrop

Einst als »Goldener Westen« beworben, lockte das Ruhrgebiet eine Vielzahl arbeitswilliger junger Menschen aus den preußischen Ostprovinzen an. Die Goldgräberstimmung dürfte gleich bei der Ankunft verpufft sein: Das schwarze Gold hatte den Wilden Westen in eine stinkende, unwirtliche Industrielandschaft verwandelt. Um 1900 waren vierzig Prozent der Bottroper Bevölkerung polnischer, oberschlesischer, masurischer oder kaschubischer Abstammung – die Stadt wurde als »Bottropski« verspottet. Was für ein guter Name das für die Skihalle wäre, die heute zu den größten Attraktionen zählt: Alpincenter BottropSKI. Direkt gegenüber der weltlängsten überdachten Skipiste wird sogar noch gekokt – eine von drei aktiven Kokereien im Ruhrgebiet.

Tag 19, Zeche Prosper II Bottrop

Das einzige erhaltene Ensemble aus Malakoffturm und Fördergerüst ist in Bottrop zu bewundern. Der stolze, dreißig Meter hohe Malakoffturm wurde 1875 in Betrieb genommen und veranschaulicht den wachsenden Prestigeanspruch der Kohlenbarone, die mit »Ritterburgen« wie dieser ihre Gleichrangigkeit mit Großbürgertum und Adel demonstrieren wollten.

Strukturwandel: Shopping statt Schwerstarbeit

»Das Ruhrgebiet ist noch nicht entdeckt worden.« Mit diesen Worten begann Heinrich Böll vor über sechzig Jahren seinen Essay über das Ruhrgebiet. Ein griffiger Satz, der die PR-Maschinerie anzufeuern vermochte und bis heute regelmäßig hervorgekramt wird. Bei aller Koketterie ignorierte der damals 40-Jährige (Fun Fact: Böll und Chargesheimer waren bei ihrer Reise in meinem Alter), dass andere Schreibende vor ihm einen ähnlichen Entdeckergestus an den Tag gelegt hatten – darunter Egon Erwin Kisch, Joseph Roth, Jura Soyfer, sogar Ernest Hemingway und allen voran Heinrich Hauser, der 1930 mit *Schwarzes Revier* das Nonplusultra der Ruhrgebietsreisereportagen vorgelegt hat. Mittlerweile sind die Pfade genauso ausgetreten wie überall sonst und längst ist das Ruhrgebiet auch touristisch erschlossen. Blättert man durch Bölls und Chargesheimers *Kohlenpottbuch* (der Arbeitstitel), scheint nichts abwegiger als das: »Diese Provinz, die Ruhrgebiet heißt, erschließt sich dem Fremden nicht leicht; sie ist der Besichtigung abhold, mißtrauisch dem Müßiggänger gegenüber, hat touristische Einrichtungen nur für solche, die hinaus, nicht für die, die herein wollen.«

Davon kann wie gesagt keine Rede mehr sein. Die Orte, an denen einst malocht wurde, heißen heute Besucher:innen aus nah und fern willkommen. Die mächtigen Abraumhalden wurden renaturiert und laden sogar explizit zum Müßiggang ein. Einst heruntergekommene Bergarbeitersiedlungen wurden behutsam restauriert und stehen heute unter Denkmalschutz. Die »Metropole Ruhr« bietet ein vielfältiges touristisches Angebot, dessen größtes Manko die Dezentralität ist und sich ansonsten vor keiner der großen Metropolen verstecken müsste. Das Aushängeschild, die Route der Industriekultur, ist erstaunlicherweise bei den Einheimischen am populärsten. Denn analog zum aufkommenden Tourismus ist im Ruhrgebiet eine gewaltige Heimatindustrie herangewachsen. Theo Grütter, Direktor des Ruhr-Museums, überrascht dieses Phänomen nicht. Die Kinder des Strukturwandels, Grütter selbst wurde 1957 in Gelsenkirchen geboren, bräuchten diese Orte der Erinnerung: »Das ist eine eigene historische Phase, die nach 60 Jahren langsam an ihr Ende kommt. Ich glaube, dass die Industriekultur für einen Heilungsprozess ganz wichtig war.«

Dass es die Route der Industriekultur überhaupt gibt, ist einem bayerischen Stadtplaner zu verdanken. Karl Ganser schärfte als Geschäftsführer der IBA Emscher Park (1989–1999) den Blick

Wassertürme von Bernd und Hilla Becher an der Turbinenhalle im Landschaftspark Duisburg-Nord. Die *Typologien* legten den Grundstein zur Industriedenkmalpflege und bewahrten etliche Bauten vor dem Abriss. Mit dem industriearchäologischen Langzeitprojekt schaffte es das Düsseldorfer Ehepaar sogar in die MoMA-Sammlung.

für das besondere kulturelle Erbe der Region und gilt heute als »Architekt des neuen Ruhrgebiets«. Durch die Internationale Bauausstellung wurden vermeintlich nutzlose Relikte der ausgehenden Industrieepoche vor dem Abriss bewahrt und in neue Nutzungen überführt – ein Wendepunkt der Reviergeschichte. Zu den Leuchtturmprojekten gehören Zeche Zollverein, der Duisburger Innenhafen, Landschaftspark Duisburg-Nord, Gasometer Oberhausen und die Bochumer Jahrhunderthalle. »Die IBA hat dafür gesorgt, dass das Eigene als etwas Schönes, Konservierungswürdiges und Vorzeigbares neu verstanden wurde«, schreibt Gerhard Spörl in seinem Buch *Groß denken, groß handeln*. »Ohne die IBA wäre Essen 2010 nicht Kulturhauptstadt geworden, stellvertretend für das Ruhrgebiet, und auch nicht grüne Hauptstadt Europas im Jahr 2017.« Mit anderen Worten: Ganser stellte alle Weichen auf Tourismus, machte das von der Altlast befreite industrielle Erbe zum *unique selling point* und die IBA zur Dauerausstellung.

Aktuell sind auf der Route der Industriekultur 26 Ankerpunkte verzeichnet; den geografischen Mittelpunkt bildet Zeche Zollverein, in deren ehemaliger Kohlenwäsche das Ruhr-Museum untergebracht ist. Mit jährlich 1,5 Millionen Besucher:innen ist Zeche Zollverein zugleich der größte Publikumsmagnet, in Nordrhein-Westfalen hat nur der Kölner Dom mehr. Ich lasse auf meiner Reise kaum eine der industriekulturellen Attraktionen aus. Statt mich jedoch an die vorgegebenen Themenrouten zu halten, radele ich kreuz und quer durchs Revier, ähnlich freiheitsliebend wie einst Heinrich Hauser mit seinem schnittigen Sportcabriolet. Auf meinem Zettel stehen nämlich auch Ziele, die touristisch noch gar nicht erschlossen sind. So sah ich einige Monate vor meiner Reise in den Nachrichten, wie Bundespräsident Frank-Walter Steinmeier im Bergwerk Prosper-Haniel das letzte Stück deutsche Steinkohle überreicht bekam.

Kein Ort der jüngeren Ruhrgebietsvergangenheit ist symbolisch so aufgeladen wie Schacht 10 von Prosper-Haniel. Die Stilllegung der letzten Revierzeche beendete nach 150 Jahren Ruhrkohleförderung eine Ära, die unzählige Familiengeschichten und das Gesicht einer ganzen Region geprägt hat, und markierte ein symbolisches Ende des jahrzehntelangen Strukturwandels, der nach wie vor von vielen Menschen hauptsächlich als Synonym und Euphemismus für Arbeitslosigkeit wahrgenommen wird. Es mag deshalb irritieren, warum die Befreiung von diesem unbeliebten Begriff nicht überall als Zukunftschance begriffen wird. Auch bei dem Festakt am 21. Dezember 2018 zelebrierte man den Abschied von der Kohle lieber in all seiner Schmerzhaftigkeit, zahlreiche Anwesende hatten Tränen in den Augen, die Stimmung glich einem Staatsbegräbnis. Mit zitternder Stimme sagte RAG-Vorstand Peter Schrimpf: »Für manche ist es ein Stück Kohle, für uns Bergleute war es unsere Welt.«

Der Gasometer ist seit 1994 die höchste Ausstellungshalle Europas. Christo und Jeanne-Claude installierten hier 1999 zum IBA-Abschluss aus 13.000 bunten Ölfässern *The Wall*.

Worte voller Pathos, und diese nostalgische Verklärung wird auch kritisch gesehen. Am treffendsten formuliert hat es Anna Sauerbrey, stellvertretende *Tagesspiegel*-Chefredakteurin: »Unsere Großeltern, die das industrielle Ruhrgebiet erlebt haben, werden manchmal gern nostalgisch. Das ist ihr gutes Recht. Wenn aber wir Nachgeborenen nostalgisch werden, hat das beinahe etwas Missbräuchliches: Wir usurpieren ihre Geschichte. Im Zeitalter des Flüchtigen, der digitalen Arbeit, scheint die unmittelbare, konkrete, erschaffende Arbeit des Industriezeitalters plötzlich als beinahe positives Gegenbild.« Nostalgie, argumentiert Sauerbrey, 1979 in Essen geboren, verändere nicht unbedingt die Fakten, aber den Tonus einer Erzählung. Es sei, als überzöge man die Vergangenheit mit emotionalem Zuckerguss. »Unsere Großeltern, teils auch unsere Eltern, wissen um die emotionalen und tatsächlichen Lücken in den Erzählungen der Nachgeborenen. Deren Ruhrgebietsnostalgie zwingt gerade das Ausgelassene zurück in die Erinnerung.«

Ein gutes Beispiel für die lücken- und zuckergusslose Nostalgie der älteren Generation ist Günter Perske, den ich später auf meiner Reise kennenlerne (ab S. 217). Der ehemalige Dortmunder Bergmann, Jahrgang 1935, wird auf der Reise in seine Vergangenheit ganz sentimental, ohne dabei den tödlichen Grubenunfall eines Freundes zu verdrängen. Die alten Zechenanlagen, heute als Kultur- und Freizeitstätten beliebt bei Jung und Alt, »sind nicht zuletzt Erinnerungsträger menschenerschöpfender Arbeit unter massiven körperlichen Belastungen«, betonte bereits vor dreißig Jahren die Industriearchitektur-Expertin Ingrid Krau. Theo Grütter mahnte unlängst: »Das war harte, dreckige, gefährliche, lebensverkürzende Arbeit. Die Staublunge ist echt, mit 45 Jahren war Schicht im Schacht. Das Ende der Industrie ist die Voraussetzung für die Identifikation mit dieser Zeit.« Eine interessante Gegenwartsanalyse, und Grütter geht noch einen Schritt weiter: Einstmals einzig und allein als industrieller Wirtschaftsraum wahrgenommen, sei das Ruhrgebiet zu einem »Identifikationsraum« transformiert.

Es überrascht nicht, dass in einem Identifikationsraum mit über fünf Millionen Einwohner:innen Nostalgie und industrielle Folklore zu einem lukrativen Geschäftsmodell geworden sind und sich eine äußerst populäre Erinnerungskultur herausgebildet hat. Die Produktpalette ist so weit verzweigt wie einst die Schachtanlagen unter Tage und hat irrwitzige Schöpfungen wie »Glück auf!-Teelichte« in Gasometer-Optik zutage gefördert. Es gibt offenbar nichts, was nicht mit Schlägel und Eisen drauf vermarktet werden kann. Kaum etwas scheint mir beim Radfahren zwischen Dortmund und Duisburg so allgegenwärtig wie das verschiedenste Ruhrpott-Merchandise in den Vorgärten, als Fensterdekoration und nicht zu vergessen: Autoaufkleber in jeder erdenklichen Variation. Ist Kohle, wie der Duisburger *Spiegel Online*-Redakteur Frank Patalong urteilte, heute nur noch Folklore? Und werden die Industriedenkmale bloß als künstliche Spektakel einer verschwundenen Lebenswelt inszeniert – vergleichbar mit antiken Stätten oder mittelalterlichen Altstädten? Die Stiftung Industriedenkmalpflege bewirbt sich derzeit bei der Unesco, um sich ab 2023 großflächig und mit einer Vielzahl an Standorten als Weltkulturerbe präsentieren zu können: »Industrielle Kulturlandschaft Ruhrgebiet« heißt das neue Konstrukt.

Der Soziologe und Tourismusexperte Marco d'Eramo wäre kein Fan dieser Pläne. In seinem Buch *Die Welt im Selfie* warnt der Italiener: »Da die Unesco immer mehr Kulturgüter zum Welterbe erklärt und die Menschen (hoffentlich) nicht damit aufhören, Kunstwerke hervorzubringen, müssen wir uns fragen: Wenn wir uns schon nach dreitausend Jahren vor lauter ›Erbschaften‹ nicht mehr rühren können, wie wird das erst in tausend, zweitausend Jahren sein – werden wir alle auf dem Mond wohnen und Tickets für einen Besuch auf dem Planeten Weltkulturerbe kaufen? Was für einen Sinn hat das? Welche Beziehung zwischen Vergangenheit und Gegenwart stellen wir her?«

Fairerweise sei angemerkt, dass sich die industriekulturellen Attraktionen im Ruhrgebiet auf einer Gesamtfläche verteilen, die fünfmal so groß

Auf dem Weg nach Kirchhellen.

wie Berlin ist, und deshalb eine geringe Gefahr besteht, in Zukunft von Tourist:innen in Beschlag genommen oder gar erdrückt zu werden. Zumal viele Objekte nicht rein musealisiert, sondern in eine Mischnutzung überführt wurden oder werden. Dennoch keimt auch im Ruhrgebiet Skepsis zu den ambitionierten Plänen. Bereits 2014 schrieb der Bochumer Journalist Christoph Biermann: »Mittlerweile können wir im Ruhrgebiet von unserer Geschichte gar nicht genug kriegen. Trotz der vielen Industriedenkmäler und anderen Stationen entlang der Route der Industriekultur gibt es eine Initiative, die Musealisierung der Region noch auszuweiten, auf ein ›Welterbe Ruhrgebiet‹. In erster Linie stecken touristische Überlegungen dahinter, denn inzwischen kommen Besucher aus aller Welt ins Revier, um sich die Stätten der Montanindustrie anzuschauen. Zugleich ist das eine irre Vorstellung: Das ganze Ruhrgebiet ein Supermuseum. Als würde die Vergangenheit die Gegenwart übernehmen und Heimat aus der Erinnerung entstehen.«

Prosper-Haniel ist der jüngste Ort im Revier, dem die Gegenwart abhanden gekommen ist und die Vergangenheit vor die Tür gesetzt wurde. Seit Dezember 2018 stehen in der Kirchheller Heide die Förderbänder still. Auf dem Weg dahin schleicht sich ein schöner Nebeneffekt ein: Während hier am nördlichen Rand des Ruhrgebietes die Felder kein Ende nehmen, schweifen meine Gedanken ins ähnlich ländliche Muttental (S. 63): Wie weit ist die »Wiege des Ruhrkohlebergbaus« entfernt? Einmal diagonal durchs Ruhrgebiet, wie viele Kilometer sind das? Selbst die Zeche Nordstern, einst nördlichste Zeche im Kohlenpott (S. 108), liegt etwa fünfzehn Kilometer südlich von hier. In den letzten 150 Jahren haben die Zechen das Revier von Süd nach Nord untergraben, und schon 1930 bemerkte Heinrich Hauser, dass die Bezeichnung »Ruhrgebiet« geografisch gar nicht mehr zutreffend sei, weil der Kohlebergbau längst in die Emscherzone vorgerückt war. Meine Radtour führt mir diese Nordwanderung des Ruhrkohlebergbaus in eindrucksvoller Weise vor Augen. Später auf meiner Reise erzählt mir der Mülheimer Hotelier Herr Noy von einer Aktion, die im Rahmen der RUHR.2010 begeisterten Applaus bekommen hat. Damals stiegen überall, wo einst Schächte lagen, leuchtend gelbe Ballons in den Himmel – ein erhabener Moment für Herrn Noy, der die »SchachtZeichen« vom Bottroper Tetraeder (S. 156) aus beobachtete. Zwei Generationen zuvor, als es noch der Rauch war, der die Städte verband, wäre wohl bestenfalls der nächstgelegene Ballon zu erkennen gewesen.

Auch an diesem Dienstagnachmittag ist der Himmel über dem Ruhrgebiet blau, nur ein paar Wolken sind aufgezogen, als ich nach einer halben Stunde an Schacht 10 ankomme. Plakate mit der Aufschrift »100% Kumpel bis zuletzt« und »Danke Kumpel 21.12.18« zeugen von den Geschehnissen der jüngeren Vergangenheit. Gleich beim Pförtner ist Schluss für mich. Ohne Genehmigung komme ich nicht weiter, und natürlich habe ich keine. Ich muss über mich selbst

lachen: An die Zugänglichkeit der Industriekultur habe ich mich schon so sehr gewöhnt, dass mir gar nicht in den Sinn gekommen ist, dass es hier anders sein könnte. Aber klar: So ein tausend Meter tiefer Schacht wickelt sich nicht von alleine ab. Der Pförtner berichtet vom Raubbau, der aktuell noch stattfände. Mich irritiert der Begriff. Wer raubt denn hier? Ist damit die Bergung der Gerätschaften aus dem Bergwerk gemeint? Der Pförtner spricht so oft und selbstverständlich von diesem Raubbau, dass ich mich nicht traue nachzufragen. Nachträglich bestätigt mir ein fünfzig Jahre alter Text von Josef Reding: »Ist der letzte Kohlebrocken ans Tageslicht gebracht, dann fängt man an, sie auszurauben. Ausraubung bedeutet: das Bergen sämtlicher Arbeitsgeräte, des Maschinenparks und der Betriebsmittel aus dem unterirdischen System.«

Reding beschrieb praktischerweise auch, was anschließend passiert: das Verfüllen. »150 Arbeiter unter Tage, die etwa zehn Monate lang vom Ausrauben bis zur letzten Verfüllung auch ihrerseits noch Schichten fuhren, obwohl längst keine Kohle mehr gefördert wurde.« Schacht 10 wird sogar erst ein Jahr nach dem Ende der Kohleförderung mit 90.000 Tonnen Spezialbeton plombiert sein. Zum Jahreswechsel 2019/2020 schließt auch die allseits beliebte Werkskantine, aus der sich die drei Kumpels am Pförtnerhäuschen just in diesem Moment ihre Pommes holen. Als die Pommes ausgepackt werden, mache ich mich vom Acker. Die Worte des Pförtners (S. 136) hallen nach: »Das Ruhrgebiet versteht keiner!« Ich werfe einen letzten Blick auf den Förderturm und die anderen Übertagebauten, die ich als Bergbau-Laie nicht zuordnen kann. Gibt es auf modernen Zechen wie dieser überhaupt noch Lampenbuden und Waschkauen? Und wird der mattgrüne Förderturm erhalten bleiben?

Der Fokus auf Übertagebauten sei typisch, bemerkte Reding in seinen Aufzeichnungen: »Wenn der gelegentliche Besucher des Ruhrgebiets, der revierfremd ist, den Raum zwischen Emscher und Lippe bereist, dann hat er vornehmlich diese berühmt-berüchtigte ›Skyline‹ im Blick. Wie die Wolkenkratzer für Manhattan charakteristisch sind, die Ölpumpen für Texas und die Raketenabschußrampen zum Bild von Cape Kennedy gehören, so prägte sich die Phalanx der Zechenschornsteine und Fördertürme als Wahrzeichen des Reviers ein. Dabei ist die Übertage-Architektur wie bei einer Eisbergspitze nur ein winziger Teil des tiefreichenden Bergbaus. Der Bergmann sagt ›Unser Pütt‹ und deutet damit in die Grube, in die Tiefe hinab, wo für ihn die eigentliche Seele, das Aktionszentrum des Faktors Kohle beheimatet ist. Dennoch: Wenn gefragt wird, was mit den stillgelegten Zechen geschieht, dann konzentriert sich die Frage zumeist auf die Übertage-Gebäude.«

Das neue Ruhrgebiet

Wenn gefragt wird, was mit den stillgelegten Zechen geschehen ist, ist die Industriekultur nicht die einzige Antwort. »Das Ruhrgebiet ist heute vor allem Kulturgebiet, und zwar das vitalste und kompakteste der westlichen Welt«, lobhudelte der Hamburger Kulturjournalist Alfred Nemeczek zu Jahrtausendbeginn. »Kohle, Stahl und Bier – sie hatten ihre Chance und mussten nicht nur ihren Nimbus dem Strukturwandel opfern. Unaufhaltsam überwindet die neue Strahlkraft von Theatern, Museen und Musik, aufregender Architektur, Land Art, Spektakel, Fun und Entertainment das altgraue Ruhrpott-Image von Maloche und Mief. Weder in London noch in Manhattan, nicht in Paris und schon gar nicht in der mit drei Opernhäusern leicht überforderten Hauptstadt Berlin funkelt das kulturelle Spektrum so facettenreich wie in der von Altlasten des Industriezeitalters befreiten Ruhr-Region mit ihren über fünf Millionen Einwohnern.«

Weltstadt Ruhrgebiet! Durch das Kulturhauptstadtjahr RUHR.2010 wurde die Kulturförderung noch weiter vorangetrieben. »Wandel durch Kultur – Kultur durch Wandel«, lautete das Motto. Das ganze Ruhrgebiet sei mittlerweile »ein Juwel an Kunst und Kultur«, vermerkte Gerhard Spörl 2017, und während ich dieses Juwel voll auskoste, interessieren mich ebenso sehr die kommerziellen Auswüchse, die der Strukturwandel mit sich gebracht hat. Als die Zechen gingen, wurde das Ruhrgebiet nämlich auch mit unzähligen Einkaufszentren überzogen. Dass die ersten und größten bundesdeutschen Shoppingmalls im strukturwandelnden Ruhrgebiet eröffneten, ist letztlich nur konsequent. Es überrascht mich jedoch, dass es die IBA Emscher Park war, die diese Kommerzialisierung aktiv beschleunigt hat. Neben den »Kathedralen der Arbeit« war es der zweite Baustein zur Revitalisierung der Emscherzone, die von der Deindustrialisierung am verheerendsten in Mitleidenschaft gezogen wurde. IBA-Chef Ganser sprach explizit von einer »Amerikanisierung« und strebte eine nach US-Vorbild geprägte Konsum- und Erlebniskultur an, die das »besondere Erlebnis Ruhrgebiet« fördern sollte – und sich am besten in Oberhausens Neuer Mitte beobachten lässt.

Bereits vor der IBA sprossen an allen Ecken und Enden des Ruhrgebiets Baumärkte, Gartencenter, Möbel- und Teppichhäuser aus dem Boden (S. 126 und 222). »Die Berge meiner Stadt sind Rolltreppen inmitten käuflicher Paradiese« schrieb die großartige Ruhrgebietsdichterin Ilse Kibgis Anfang der 80er Jahre und verdeutlicht damit, dass in keiner anderen Region Deutschlands Konsumburgen in dieser Ballung zu finden sind. Und nirgendwo scheint die Akzeptanz so groß zu sein. Hier im Ruhrgebiet, das weniger mit pittoresken Stadtkernen, dafür mit einem dichten Straßennetz punkten kann und deshalb noch immer Autoregion ist, erfreuen sich die Einkaufszentren mit ihren kostenlosen Parkmöglichkeiten unzweifelhaft größerer Beliebtheit als in anderen Teilen der Republik.

Aber was genau macht den Reiz dieser Shoppingcenter aus? »Wer eins kennt, kennt alle«, sagte mal die Architektin und Stadtplanerin Kerstin Dörhöfer, und analog dazu definierte der französische Philosoph Marc Augé Einkaufszentren als Nicht-Orte, die ohne eigene Identität und Geschichte vor allem eins sind: austauschbar. Ich möchte dem auf den Grund gehen. Auf meiner Reise besichtige ich innerstädtische Einkaufszentren der jüngeren Generation wie die Dortmunder Thier-Galerie, das Forum Duisburg oder auch das Reschop Carré in Hattingen, die in ihrer Gleichförmigkeit tatsächlich kaum zu unterscheiden sind – in Dortmund gelingt es mir kaum, zurück zum Ausgang zu finden. In Herne wird das noble alte Hertie-Kaufhaus zu den Neuen Höfen umgebaut. Der Slogan am Baugerüst: »Herne wird der Hof gemacht« – ob das was wird? Einige ältere Innenstadtmalls wie der Marler Stern oder das Forum City Mülheim punkten bei mir immerhin mit ihrer Architektur. So erhielt das Luftkissendach des Marler Sterns 1984 sogar einen Eintrag ins *Guinness-Buch der Rekorde* als weltgrößte Tragluftkonstruktion.

Mein besonderes Interesse gilt zwei der ältesten und nach wie vor größten Einkaufszentren Deutschlands, die beide »auf der grünen Wiese« direkt am Ruhrschnellweg entstanden sind: das Rhein-Ruhr-Zentrum (S. 118) und der Ruhr Park (S. 227). Letzterer eröffnete 1964 in Bochum als zweites deutsches Einkaufszentrum – mir war nicht klar, dass diese erste Generation Einkaufszentren noch keine vollklimatisierten Malls waren, wie wir sie heute gewohnt sind. Dass ausgerechnet »tief im Westen, wo die Sonne verstaubt« Freiluftpassagen eine Käufer:innenschaft lockten, erscheint mir – behaglich aufgewachsen im norddeutschen Tiefland – zunächst grotesk. Schließlich musste, als der Ruhr Park vor fast sechzig Jahren konzipiert wurde, der Himmel über dem Ruhrgebiet erst noch blau werden. Aber logo, blauer Himmel hin oder her, auch Menschen aus den staubigsten Industrieregionen mussten irgendwo ihre Einkäufe erledigen und innerstädtische Fußgängerzonen hatten in den 60ern noch Seltenheitswert. Der Ruhr Park erwies sich als zukunftsweisend.

Diese Zukunft ist in Oberhausen zu besichtigen. Das CentrO (S. 176) krönte sich bei der Eröffnung 1996 zur Königin der europäischen Shoppingmalls und ist bis heute Deutschlands größtes Einkaufscenter. Und muss sich seit jeher kritische Stimmen gefallen lassen. »Was ist daran zukunftsweisend? Dieses Konsumieren und immer mehr Konsumieren – das ist doch bald am Ende«, klagte Artur Schorzmann, damals Superintendent in der Evangelischen Landeskirche, kurz bevor die Neue

Imponierend: Das 70er-Jahre-Großprojekt Forum City Mülheim mit den vier Wohntürmen …

… und der Marler Stern mit seiner einzigartigen, aber wenig energieeffizienten Luftkissendachkonstruktion.

Mitte zur größten Baustelle Europas wurde. Der langjährige Duisburger Oberbürgermeister Josef Krings monierte, die Pläne hätten »mit europäischer oder deutscher Stadtkultur nichts zu tun«, und gab dennoch seinen Segen.

Ursprünglich sollte unter den – im Rückblick bizarr anmutenden – Projektnamen The Euro-Mall beziehungsweise World Tourist Center (WTC) sogar das größte Einkaufs- und Freizeitzentrum der Welt entstehen. In Oberhausen werde jetzt das neunte Weltwunder gebaut, verkündete Oberstadtdirektor Dieter Uecker im Jahr 1988 euphorisch, während Oberbürgermeister Friedhelm van den Mond davon träumte, Leute aus London und Lissabon kämen »dann mal eben rüber zu uns, um Minigolf zu spielen und einzukaufen«. Das Vorhaben, das im Volksmund als »Superhausen« im Gedächtnis geblieben ist, scheiterte am Größenwahn sowie am Widerstand der Nachbarstädte und Einzelhandelsverbände.

Es ist eine absurde Vorstellung, dass das heutige Vergnügungszentrum rund ums CentrO im Endeffekt eine Nummer kleiner geraten ist als die großspurigen und letztlich vereitelten Investorenpläne es vorgesehen hatten. Denn selbst in der »abgespeckten« Variante gestaltet sich der Vorher-Nachher-Effekt nirgendwo im Ruhrgebiet krasser als in der Neuen Mitte Oberhausens. Die früher hier ansässige Gutehoffnungshütte war nicht bloß irgendein Bergbau- und Hüttenbetrieb, sondern im 20. Jahrhundert der größte Maschinen- und Anlagenbauer Europas und rühmte sich als »Wiege der Ruhrindustrie«. Als 1929 Alt-Oberhausen mit den umliegenden Gemeinden Sterkrade und Osterfeld zu Groß-Oberhausen vereint wurde, lag eine Fabriklandschaft kolossalen Ausmaßes inmitten dieses neuen Stadtgebildes, das inoffiziell prompt als GHH-Stadt oder Gutehoffnungshütte-Stadt firmierte. Noch heute zerfurchen Myriaden von Bahntrassen das Stadtbild und lassen sich auch mit moderner Verkehrsplanung kaum ausradieren. In der Neuen Mitte Oberhausens bilden die stillen Zeugen des Industriezeitalters wie der Gasometer heutzutage nichts weiter als die Kulisse für Mega-Entertainment und Konsumrausch.

Ironischerweise tritt das CentrO in vielerlei Hinsicht in die Fußstapfen der Gutehoffnungshütte: Es ist megalomanisch, milliardenschwer und rücksichtslos gegenüber der Umwelt. Die schlimmsten Befürchtungen des Einzelhandels sind längst bittere Realität: Die Fußgängerzone von Alt-Oberhausen wird seit der CentrO-Eröffnung kaum noch frequentiert und ist des Oberbürgermeisters größtes Stiefkind. Streng genommen wurde die industrielle Monokultur von früher durch eine nicht minder schädliche Bespaßungsmonokultur ersetzt. Überregional wird mit Oberhausen überwiegend das CentrO verbunden – »der Ort, an den man als Jugendlicher gefahren ist, ohne überhaupt zu wissen, was man da soll«, schreiben Lena Fiedler und Helene von

Schwichow in ihrem Buch *Ruhrtopien*. »Aber das ist ja auch die Magie einer Mall, dass es eigentlich keinen Grund gibt, da zu sein. Alles, was man da kaufen könnte, hat man eh schon.«

Ich will nicht shoppen, sondern nur was essen, und das Timing stimmt: Die berühmte Coca-Cola-Oase im CentrO hat erst vor wenigen Tagen neu eröffnet. Rund zehn Millionen Euro sollen die Renovierungsarbeiten gekostet haben, berichtet die *WAZ* und konstatiert: »Ein Hauch von Las Vegas im CentrO!« Genau wie in Las Vegas wirkt auf mich alles seltsam unecht. Die zwanzig Meter hohen, marmorartigen Säulen gaukeln ihre Historizität bloß vor und verweisen dabei einzig auf sich selbst. An diesem Nicht-Ort verwischen die Grenzen zwischen alt und neu, zwischen echt und unecht. Ein Phänomen, das Jean Baudrillard in einer berühmten Medientheorie als »Simulacrum der Simulation« beschrieben hat. Die historische Stilisierung, die sich unschwer als trügerische Fassade entlarven lässt, erfüllt allein den Zweck, das alltägliche Shopping zu einer bedeutungsgeladenen Handlung aufzupimpen, zugleich unterbindet die maximale Künstlichkeit jeden leisen Zweifel an antiken Säulen und mediterranem Palmenflair in Oberhausen.

Rätselhaft finde ich den Claim, den sich das CentrO aktuell auf die Fahnen geschrieben hat: »Unexpected Shopping«. Was genau ist am Shopping *unexpected*? Dass sich zu den immergleichen Ladenketten ein paar schwer angesagte

Modegeschäfte gesellen, die erst noch expandieren müssen? Unerwartet ist für mich – trotz all der Superlative, die ich über das CentrO gelesen habe – allenfalls die extreme Weitläufigkeit des Einkaufszentrums. Vor den Megamalls dieser Welt braucht sich das CentrO nicht zu verstecken. Bangkok, Dubai, Los Angeles, Moskau, Oberhausen, Peking – dieses nichtverortbare Weltstädtische, vielleicht macht genau das den Reiz der Neuen Mitte aus.

Da der neue Coca-Cola-Automat bislang nur als Posterstellwand existiert (»Bald wieder für euch hier, um den Einkaufsdurst zu stillen«), gönne ich mir ein Kichererbsencurry von einer indischen Fastfood-Kette und lasse mich mit dem schwarzen Plastikteller mitten in der Oase nieder. Im großen Rund der Essmeile, mit nunmehr 1.300 Plätzen der zweitgrößte Foodcourt Europas, versammelt sich das Who's Who der internationalen Systemgastronomie. Ich starre auf die Vi-

Die Coca-Cola-Oase erstrahlt in neuem Glanz …

... nur der beliebte Coca-Cola-Automat fehlt noch.

deoleinwand, die einen beim Essen unweigerlich mit Werbeclips und Musik beschallt, als sich ein Ü40-Paar zu mir setzt, das eigens von der niederländischen Grenze angereist ist und laut eigener Aussage den ganzen Tag im CentrO verbracht hat. Auf dem Tablett befindet sich die klassische Fast-Food-Triade: Burger, Pommes, Coca-Cola. Fünf- oder sechsmal im Jahr kämen die beiden zum Einkaufen her, gerne auch zum Weihnachtsmarkt an der CentrO-Promenade und gelegentlich zu Events in der König-Pilsener-Arena nebenan. Die Frau erinnert sich an ein Konzert von The Cure: »Ich steh hier, und da steht Robert Schmidt [sic]!« Sie gestikuliert in die Ferne.

Achtzig Kilometer zum Shoppen fahren? Ich hätte nicht gedacht, dass Oberhausens Neue Mitte so eine Strahlkraft besitzt. Ganz so falsch lag Oberhausens Presseamtschef Friedhelm Fox also gar nicht, als er Ende der 80er prognostizierte: »Aus Holland, Belgien, Frankreich, England, Skandinavien und natürlich Süddeutschland werden die Leute kommen.« Dass die Neue Mitte die alten Ortskerne obsolet gemacht hat, war ein stadtplanerischer Super-GAU mit Ansage. Bezeichnend hierfür ist eine Szene aus *Ruhrtopien*, über die ich schmunzeln muss, obwohl ich mir nicht sicher bin, ob die überhaupt als Witz gemeint ist. Die beiden Autorinnen fragen einen Passanten:

»Entschuldigen Sie, ist das hier jetzt eigentlich das Zentrum von Oberhausen?«
»Meinen Sie Centro? Das Shoppingcenter?«
»Nein, das Zentrum, die Innenstadt.«
»Da gibt es nicht viel.«

Muss ich erwähnen, dass ich auch dahin fahre?

Tag 19, Tetraeder Bottrop / Haldenereignis Emscherblick

Nach drei Wochen Radelei kreuz und quer durchs Ruhrgebiet ein erster Blick auf das westlichste Ziel meiner Reise: Duisburg.

»Früher, sagt er, war hier alles grau. Früher hat hier der ganze Horizont gequalmt. Das musst du dir mal vorstellen, Schlote, die hinter Schloten standen. Eine Landschaft, die Kette rauchte. Und nachts, wenn das Koks gestochen wurde, glühte der Himmel.« (Lucas Vogelsang & Joachim Król, *Was wollen die denn hier?*, 2019)

Tag 20, Baldeneysee

Sommerurlaubsfeeling am Baldeneysee. Fünfzig Meter hinter mir zeugt das Fördergerüst der 1973 stillgelegten Zeche Carl Funke von der industriellen Vergangenheit.

»Später wurde ich zur Erholung zu Tante Renate in den Schwarzwald geschickt. Die Schwarzwälder Kinder bestaunten und bemitleideten mich zugleich. Sie stellten sich meine Heimat als feuerspeienden, rußverschmierten Ort der Verdammnis vor. Ich widersprach ihnen nicht, ganz im Gegenteil [...], ich beschrieb mein Ruhrgebiet genüsslich als vulkanischen Hades, ein Inferno aus glühenden Lavaströmen und sich tückisch fortbewegenden Kohlenbergen, als eine nie endende Stadt, so groß, dass man in ihr fahren und fahren und fahren konnte, ohne je an ihre Grenze zu stoßen.«
(Petra Reski im *Merian*-Magazin 2001)

Tag 21, Essen Winkhauser Tal

Essen, du bist die einzige Stadt auf meiner Reise, die ich schon kannte. Deine Radwege allerdings noch nicht. Wie herrlich die sind! So viele Fahrradstraßen! Und alles bestens ausgeschildert. Auf dem Weg nach Oberhausen radele ich größtenteils über Felder und Wiesen. Du bist die drittgrünste Stadt Deutschlands, habe ich im Ruhr-Museum erfahren. »Grüne Hauptstadt Europas« – das war nicht bloß eines dieser vielen Labels, die aus Marketinggründen so gerne vergeben werden. Deine Margarethenhöhe ist nicht nur die älteste, sondern auch schönste Gartenstadtsiedlung, die ich bisher gesehen habe. Die Fenster des New Yorker Pop-Art-Künstlers James Rizzi in der Kreuzeskirche sind eine Augenweide und weltweit einmalig. Rüttenscheid ist einer der lebenswertesten und lebendigsten Stadtteile des Ruhrgebiets und der Baldeneysee ein Freizeit- und Naherholungsparadies sondergleichen. Ich wollte mir auch die Villa Hügel anschauen und dachte, der Hügelweg würde mich von Bredeney direkt vor die Kruppsche Haustür bringen. Aber dann war ich plötzlich schon am Baldeneysee und zu faul, das Stück zur Krupp-Villa wieder hochzukraxeln (immerhin konnte ich bei der Abfahrt einen kurzen Blick von der Seite erhaschen). Ich fuhr dann eine Essener Schleife über Rellinghausen und ließ den Abend mit Bibimbap, Kimchi, Yuzu-Tee und schwarzem Sesameis auf der Rü ausklingen. Es lässt sich gut leben bei dir.

Dass du die Krupp-Stadt bist, davon habe ich gar nicht so viel gespürt. Oft sind es nur die Straßennamen, die von deinem industriellen Erbe zeugen. Und manchmal fällt es mir echt schwer zu glauben, dass scheinbar überall Zechen waren. Selbst in deinen eher ländlichen Stadtteilen wie Schönebeck heißen die Straßen Schacht Kronprinz oder Schacht Franz. Nun habe ich noch gar nichts über deine Zeche Zollverein geschrieben. Weißt du selbst, was du da für ein Juwel hast. Die kubischen Gebäude aus rotem Backstein haben der Anlage von Schacht XII den Ruf als »schönste Zeche der Welt« beschert und das ikonische Doppelbock-Fördergerüst macht Zollverein zum Wahrzeichen und »Eiffelturm des Ruhrgebiets«. Auch sehr spaßig, einfach über das weitflächige Zollverein-Gelände zu radeln. Meinen Kinobesuch des Jahres habe ich dir auch zu verdanken: *Apocalypse Now* in der Lichtburg, Deutschlands größtem Filmpalast: ein epochales Erlebnis! Einer meiner Lieblingsfilme über dich ist die 1989 gedrehte ARD-Kultdoku *Thrash, Altenessen* – eine unterhaltsame und aufschlussreiche Milieustudie über die junge Kultur- und Metalszene rund um die Zeche Carl. Der häufigste Satz, der darin fällt, lautet: »Früher war's besser.« Gut, dass du in der Zwischenzeit bessere Narrative für dich entdeckt hast. Essen, ich fand dich beim letzten Mal schon cool. Es ist schön, dich näher kennenzulernen!

Tag 21, Essen Winkhauser Tal

»Was ist hier Stadt, was Land?«
(Heinrich Hauser, *Schwarzes Revier*, 1930)

Tag 21, Essen-Frintrop

Frintrop ist »das westlichste Dorf Essens«. In 400 Metern beginnt Alt-Oberhausen. Zum Essener Hauptbahnhof sind es dagegen ganze zehn Kilometer.

Tag 21, Oberhausen

»Weiter nach Oberhausen, mitten in eine Landschaft, welche eine Staffage von nordamerikanischem Gepräge hat: Wir befinden uns in ödester Sandgegend, die kaum dürftigen Fichtenaufschlag nährt, in einer wahren Urhaide, und mitten in ihr erblicken wir die Schöpfungen des modernsten Culturlebens, eben aus dem Boden gestiegene Stationsgebäude, Häuser, Hotels, Fabriketablissements, und ehe viel Zeit verfließt, wird mit amerikanischer Schnelligkeit eine Stadt aus diesen Sandhügeln aufwachsen, das verbürgt der Knoten der Bahnlinien, der sich hier schürzt.«
(Levin Schücking, 1855)

Glück auf!

Tag 21, Siedlung Eisenheim Oberhausen

Eine Audienz beim Taubenkönig! Der Star der legendären WDR-Doku-Soap *Die Helden von Eisenheim* lädt mich in sein Haus ein, um mir seine Pokal- und Urkundensammlung zu präsentieren. Manfred Heldt hat so viele Taubenzuchtpreise gewonnen, dass einige Trophäen im Keller verstauben. In seinem Taubenschlag direkt neben dem Haus hält der knapp 80-Jährige noch siebzig Tauben.

Mitte des 19. Jahrhunderts von der Oberhausener Gutehoffnungshütte in Auftrag gegeben, ist Eisenheim die älteste Arbeitersiedlung des Ruhrgebiets. Manfred wurde 1940 in diesem Haus geboren. Sein Vater und Großvater waren auch Eisenheimer. Seinen Sohn Manfred Junior lerne ich auch kennen. Davon erzählt das folgende Kapitel.

Eisenheimer-Str.
2b

Der Taubenkönig von Eisenheim

Wer im Ruhrgebiet in einer Kneipe nicht nach fünf Minuten mit bisher fremden Menschen ein intensives Gespräch führt, gilt als kommunikationsgestört«, behauptete einst der Ruhrgebietschronist Hans Dieter Baroth. Ich ticke anscheinend richtig: Auf meiner Reise bin ich zwar weniger in Kneipen unterwegs, dafür komme ich umso mehr auf den Straßen mit Menschen in Kontakt. In den Stadtteilen abseits der touristischen Pfade kommt es mir zuweilen so vor, als sei ich mit dem vollgepackten Rennrad, das mich unzweifelhaft als ortsfremd enttarnt, geradezu selbst eine Attraktion. Die Einheimischen sind neugierig, begegnen mir freundlich, manchmal schmunzelnd (S. 106), vielleicht in dem Glauben, ich hätte mich verfahren. Anfängliches Misstrauen ist meist schnell gebrochen: Die Menschen scheinen ein untrügliches Gespür dafür zu haben, dass ich nicht auf der Suche nach dem hässlichen Ruhrgebiet bin, wie so viele Fotografen vor mir. Als ich mal wieder ein altes Zechenhaus fotografiere, taucht in der Nachbarauffahrt ein Mann auf und fragt streng: »Was genau fotografieren Sie da?« Ich zeige auf das alte Zechenhaus, das mir von allerlei Blumenkästen gerahmt besonders pittoresk erscheint, und als Antwort genügen vier Worte: »Das schöne alte Zechenhaus!« Augenblicklich entspannen sich die Gesichtszüge des Mannes, der Daumen geht hoch, ich fahre weiter.

Auch in Duisburg-Marxloh (S. 184), »unter den abgestürzten Stadtteilen des Ruhrgebiets der derzeit bekannteste«, wie es Moritz von Uslar 2017 in einer Reportage für *Die Zeit* galant ausdrückte, sind Spiegelreflexkameras mit ausladenden Zoomobjektiven – wie eigentlich in jeder Wohngegend – nicht gern gesehen. Um nicht noch mehr aufzufallen, habe ich meinen Fahrradhelm abgesetzt. Helme tragen im Duisburger Norden allenfalls Kinder, Durchreisende und die Fahrradstreife der Polizei; behelmte Radfahrer, die an jeder zweiten Ecke absteigen, um etwas zu fotografieren, das für Außenstehende nicht so recht identifizierbar ist, machen sich in einem vermeintlich unfotogenen Stadtteil wie Marxloh erstmal verdächtig. Um nicht den Eindruck eines Armutstouristen zu machen, wähle ich meine Fotos mit mehr Bedacht als sonst. Als ich vom Radstreifen an der Weseler Straße das Schild eines Cafés knipse, vorsichtig und zugleich so demonstrativ zoomend, dass klar sein muss, dass keine Menschen abgebildet sein können, stürmt ein Tross starker Männer auf mich zu. Ich ahne Ärger, versuche aber gelassen zu bleiben. »Was hast du fotografiert?« Die Empörung schlägt sich auch im Tonfall nieder. Ich komme einen Schritt entgegen, zeige auf das Schild, biete an, das Foto zu löschen, drehe das Display meiner Kamera und zeige den Herren meine Aufnahme. Da tritt ein Mann mittleren Alters aus dem Pulk hervor und strahlt: »Das ist mein Café. Willst du auch ein Foto von mir machen?« Überrumpelt vom schnellen Wandel der Ereignisse schieße ich zwei Fotos, ohne auf die Komposition zu achten. Auf dem zweiten lächelt der Mann sanft, das schwarze Poloshirt eines Formel-1-Rennstalls ist lässig aufgeknöpft, im Bildhintergrund parkt ein weißes BMW-Cabriolet vor dem benachbarten Sportwettbüro. Ein toller Schnappschuss – nach einer Fotogenehmigung frage ich lieber nicht.

Dass ich von einer denkwürdigen Begegnung in die nächste gerate, bringt mich erst auf die Idee, dieses Buch zu schreiben – und von einer ganz besonderen handelt dieses Kapitel: An einem hochsommerlichen Freitagnachmittag bekomme ich eine Audienz beim Taubenkönig von Eisenheim. Zu gerne würde ich behaupten, ich hätte dieses und andere Treffen von langer Hand geplant, aber nein: Dass ich die Pokalsammlung des Taubenkönigs aus nächster Nähe zu sehen bekomme, geschieht für mich vollkommen unerwartet und ist einigen glücklichen Fügungen zu verdanken. Doch der Reihe nach.

Vom Eisenheimer Taubenkönig lese ich zum ersten Mal in einer *Merian*-Ausgabe von 2001. In der Rubrik »Der besondere Typ«, und besondere Typen kommen natürlich auf meine To-do-Liste. Beim Frühstück in meinem Oberhausener Hotel schaue ich mir nochmal den Trailer der im Jahr 2000 produzierten WDR-Doku-Soap *Die Helden von Eisenheim* an, und die Stimme von Elke Heidenreich klingt in meinen Ohren nach, als ich die älteste Arbeitersiedlung des Ruhrgebiets erreiche: »Mitten im Ruhrgebiet gibt es eine kleine aber feine Zechensiedlung. Die alten Bergmannshäuser, liebevoll von ihren Bewohnern gepflegt, erinnern auch noch heute an vergangene Zeiten. An Zeiten, als auf Zeche noch malocht wurde und die Menschen zufrieden waren mit ihrem Los. All die Jahre haben sie sich bemüht hier so zu leben wie ihre Väter und Großväter. Alles soll so bleiben, wie es schon immer war. Auch die Bewohner sind das geblieben, was sie immer waren: Urgesteine des Ruhrgebiets. Hier sind Manni Heldt und sein Bruder Gustav zuhause.«

Mitten im Ruhrgebiet heißt in diesem Fall: zwei Kilometer entfernt von der Neuen Mitte Oberhausens, wo einst die Gutehoffnungshütte angesiedelt war und sich heute mit CentrO und Co. eine glitzernde Entertainmentwelt befindet. Gegensätzlicher können sich zwei so nah beieinanderliegende Orte gar nicht sein. Während der Stadtteil, der heute die Neue Mitte ist, im letzten Vierteljahrhundert einen radikalen Wandel durchgemacht hat und von einer riesigen Industriebrache zum hypermodernen Urban Entertainment Center wurde, sind die Uhren in Eisenheim langsamer gelaufen. Dabei war das Eisenheimer Ruhrpottidyll zeitweilig auch von den Abrissbaggern bedroht: Erst ausdauernde Protestaktionen der Einheimischen retteten die alte Arbeitersiedlung, die 1991 unter Denkmalschutz gestellt wurde. Davon und von den »Rennpferden des kleinen Mannes« erzählt die WDR-Produktion *Die Helden von Eisenheim*. Dass der Sechsteiler ansonsten eher komödiantisch daherkommt, lässt schon das DVD-Cover erahnen: *Die Helden von Eisenheim* steht dort in einer Schrift, die so aussieht, als hätte Heldt seine preisgekrönten Tauben extra dort hinkacken lassen. In einer meiner Lieblingsszenen bemüht sich Heldt, zusammen mit drei Kumpels einen Gartenpavillon aufzubauen. »Diese Außenteile kommen nach außen hin«, sagt Manni da, und einer der Kumpels antwortet: »Ja, Außenteile kommen immer nach außen.« Und hömma, die Hecke muss noch geschnitten werden!

Diesen Sommer sind längst nicht mehr alle Eisenheimer Hecken akkurat gestutzt. Ich radele durch die schmalen Gassen, rechts die alten Backsteinhäuser, links die ehemaligen Stallungen, die heute als Abstellkammern dienen. Ich versuche mir vorzustellen, wie hier früher Bergmannskühe, so wurden die Hausziegen der Bergleute genannt, gehalten wurden, und halte Ausschau nach Anhaltspunkten für Manfred Heldt. Vergeblich. Es herrscht Mittagsruhe. Ganz am Anfang der Straße genießt eine junge Familie die Sonnenstrahlen. Ansonsten gähnende Leere. Ich biege links ab

Das DVD-Cover hängt bei Manfred Heldt an der Wand.

und entdecke eine Werkstatt für poetische Orte. So poetisch mir Eisenheim erscheint, in der dörflichen Ruhe fühle ich mich wie ein Eindringling. Eine Straße weiter steigt ein Mann auf sein Fahrrad. Ich suche das Gespräch und frage nach dem Taubenkönig. Der Mann schmunzelt. Es kommt offenbar nicht allzu häufig vor, dass hier Touristen nach dem Taubenkönig fragen. Dooferweise hat der Mann den Taubenkönig länger nicht gesehen. »Der hat gesundheitliche Probleme«, erzählt mir der Mann. Ich frage trotzdem nach der Adresse. Wenn ich schonmal hier bin, möchte ich auch sehen, wo Heldt wohnt und einen Blick auf seinen Taubenschlag erhaschen. Falls es den überhaupt noch gibt. Das *Merian*-Heft hat immerhin fast zwanzig Jahre auf dem Buckel.

Wir fahren zusammen eine Straße weiter zum Ausgang der Siedlung. Hier steht das Haus mit der Nummer 2b. Der Mann bleibt vor dem Taubenschlag stehen. Ob da wohl noch welche drin sind? Der Mann zuckt mit den Schultern, und genau in diesem Moment kommt ein großer, sportlicher Mann um die Ecke und schreitet zur Haustür des Taubenkönigs: Manfred Heldts Sohn. Ein kurzer Wortwechsel mit dem Nachbarn und eine Minute später schleppt sich der Taubenkönig höchstpersönlich zur Haustür, um mich zu begrüßen. Ich bin nicht darauf vorbereitet, aber auch so wird die Unterhaltung zum Selbstläufer. Umgehend erfahre ich, dass Manfred 1940 in diesem Haus geboren wurde und sein Vater und Großvater auch gebürtige Eisenheimer waren. Manfred Heldt ist der letzte verbliebene Taubenzüchter Eisenheims, in seinem Taubenschlag hält Heldt noch siebzig Tauben. Zu den Tauben darf ich nicht (»wegen de Hygiene«), dafür aber ins Haus: »Ich hab über hundert Pokale, wollen Sie die mal sehen?« Wir gehen rein, der Fernseher läuft in voller Lautstärke, und tatsächlich: das ganze Wohnzimmer ist voller Pokale und Urkunden. Ich staune sprachlos.

»Ich hab noch 'nen ganzen Korb voll im Keller, wo willste die alle hinstellen? Ich habe siebzig Mal den ersten Konkurs gemacht, wissen Sie, was das heißt?«

»Siebzigmal was?«

»Ersten Preis!«

»Wieviel Preisgeld gab's da immer?«

»Je nachdem, was se draufgesetzt haben. Für'n ersten Konkurs gab's bloß 'n Diplom.«

»Für den ersten was?!«

»Für'n ersten Konkurs gab's 'n Diplom.«

»Wie heißt das … Konkurs?!«

»Den ersten Konkurs.«

»Konkurs?!«

Die Urkunde von 1971/72 wird in Ehren gehalten.

»Ja. Die oben da, die haben alle da 'n paarmal den ersten Konkurs gemacht, da auf'm Bild. Da habe ich se ausgestellt in Gladbeck, in Castrop-Rauxel, da haben se auch den ersten und allet weggeholt. Die waren nicht nur schön, die waren auch gut für Ausstellungen.«

Konkurs: so nennen Taubenzüchter es, wenn ihre Tauben bei Wettbewerben in preiswürdiger Zeit heimkehren. Ich mache ein Foto von der Urkunde, die auf 1971/1972 datiert und die Gebrüder Heldt ausgestellt ist. Mit seinem Bruder Gustav, der bereits 2007 verstorben ist, teilte Manfred jahrzehntelang sein Hobby, während der adoleszente Sohnemann einer ähnlich populären Ruhrpott-Freizeitbeschäftigung frönte: Opel-Tuning in der Auffahrt. Irgendwo müssen die Klischees schließlich herkommen! Manfreds Sohn heißt ebenfalls Manfred, und auf den ist Manfred mächtig stolz: »Der ist auch Weltmeister im ... der macht Karate. Der springt im Spagat bis an die Decke: 2,88 Meter [sic]! Hab da so'n Bild da stehen: Weltmeister Manni Heldt.« Heldt humpelt zu der Urkunde und fragt: »Wollen Se meinen Sohn auch mal haben?« Ich muss lachen, und ehe ich antworten kann, ruft der Senior den Junior schon herbei: »Manni, komma her!« Der Sohn unterbricht das Küchengespräch mit seiner Mutter und gesellt sich zum Vater, der sich auf einem Stuhl vor der Urkunde niedergelassen hat. Darauf bestätigt das *Rekord-Institut für Deutschland*: »Manfred Heldt holte sich mit einem Sprung auf 2,86 Meter Höhe den Weltrekord für den ›höchsten gesprungenen Kampfsport-High-Kick ohne Unterstützung‹ auf dem Martial Arts Day 2018 in Wulfen (D) am 26. Mai 2018«.

»Der wurde jetzt gebrochen vor zwei Wochen, von einem aus Alaska, auf 2,99 Meter. Jetzt haben sie mich angeschrieben, dass ich jetzt drauf trainiere, ich müsste jetzt drei Meter oder drei Meter eins springen, nech«, berichtet der Sohnemann. Was für eine positiv verrückte Familie! Ich hake nach, wie man überhaupt so hoch springen könne und Manfred Junior erklärt: »Man holt aus, links holt man aus und dann springt man mit rechts hoch und mit rechts macht man 'n Fußtritt, hoch in der Luft, bei 2,86 Meter.« Beeindruckt frage ich nach seinem Alter: »38, und dann noch hundert Kilo. Die anderen, die da mitmachen sind 24, 25 und wiegen alle so siebzig Kilo. Aber ich versuchet nochmal. Im Moment bin ich noch fit, ne.«

Heldt Senior, mittlerweile auf seine Couch umgezogen, ist leider nicht mehr so recht fit. »Gucken Sie mal auf mein Bein, das linke. Das krieg ich nich hoch.« Er könne nirgendwo mehr hingehen, nur die Tauben füttern und dann zurück aufs Sofa. »Heute biste ja aufm Sofa gefesselt«, klagt Heldt und stellt den Ton des Fernsehers leise. Ich frage, ob ich beim Fernsehen gestört hätte. »Nee, ich sitz ja den ganzen Tag hier. Hab ich die Tauben gefüttert, dann hab ich Schicht.« Und was läuft so im TV? »Ich guck die meiste Zeit Eurosport, und 15, das ist Welt, und 16, das ist

RV Sterkrade 08
Bestes Jungtier 1987
B-87-6327832 5 Prs.
5. Gebr. Heldt

Pokale, Pokale, Pokale!

n-tv, das guck ich meist. Und hier sind meine beiden Teddys. Meine beiden besten Freunde!« Zwischen den Sätzen hält Heldt inne. Ich erkundige mich nach dem Arbeitsunfall, den er als junger Mann hatte und zwischendurch angedeutet hat. Und bekomme diese Erklärung: »Ich war am Rad da, und der Kollege war am Rad. Ich sag', brauchst bloß festhalten. Statt er festhält, hebt er hoch, und das ganze Ding, auf sieben Meter aufgeschraubt, so'n Band nech, und ich lieg da mit de Füße in den Bundesbahnschienen. Vier Stunden besinnungslos! Wie ich beikam im Krankenhaus, da steht 'n Pfleger vor mir, ich sag hömma, tu mir einen Gefallen, ich geh mal eben nach Hause die Tauben füttern. Ich wusste ja gar nicht, wo ich war. Ich sag, wo bin ich hier eigentlich, na da kommt der im weißen Anzug, ah, Krankenhaus, wie kommste denn dahin? Sie haben 'nen Unfall gehabt. Wusste ich gar nicht, nech. Wollte ich nach Hause gehen, da hatte der so'n Zettel bei: Wider den ärztlichen Rat weg aus'm Krankenhaus gegangen.«

Das sei auch der Grund, wieso Heldt heute keine Unfallrente bekäme. Mehrmals schimpft Heldt über den zuständigen Gutachter. »Ich könnte nicht Heldt heißen, ich könnte Pech heißen.« Nicht nur der Gutachter bekommt sein Fett weg, auch die Politiker:innen. Vor einer TV-Preisverleihung sei Heldt einst gefragt worden, was er von Politikern halten würde. »Gar nichts, die lügen alle«, antwortete Heldt damals. »Da hat Götz George den Preis gewonnen. Hab ich nich die Wahrheit gesagt? Die [Rita] Süssmuth hat mich gar nicht mehr angeguckt. Hätte ich gesagt, die Politiker sind in Ordnung, hätten mir alle auf die Schulter geklopft. Darfste nicht alles sagen, was de denkst. Die Wahrheit schon überhaupt nicht.« Nun redet sich Heldt in Rage. »Siehst du doch, wie die uns alle verkohlen mit der Umwelt und der Scheiße«, »Das bezahlt alles der dumme Steuerzahler«, und bald landen wir bei der Außenpolitik: »Was suchen die da in Afghanistan? Atomium?« Heldts pragmatischer Lösungsvorschlag: »Keine Waffen mehr, dann ist morgen der Krieg alle.« Ein schönes Schlusswort. Ich benutze noch schnell die Toilette im ersten Stock des schmalen Backsteinhauses, bevor ich aufbreche zur Neuen Mitte, die mir nun noch

»Ich könnte nicht Heldt heißen, ich könnte Pech heißen.« Trost spenden Manfred Heldt seine Familie und Teddys.

mehr wie ein fernes Universum erscheint. Als ich in der Coca-Cola-Oase abendesse und die Begegnung mit Familie Heldt Revue passieren lasse, kommt mir plötzlich ganz Oberhausen surreal vor. Der selbstbewusst-selbstironische »Oberhausen, Superhausen«-Claim, den neuerdings die Denkmalpflege-Initiative Ruhrmoderne für sich nutzt, trifft den Nagel erstaunlicherweise auf den Kopf. »Mit'n Mottek«, höre ich Manni Heldt ergänzen.

In seinem Taubenschlag hält Heldt noch siebzig Tauben.

Tag 21, BERO-Einkaufszentrum Oberhausen

»Ein Ruhrgebiet ist ein auf der Landkarte Deutschlands gekotzter Klumpen Arbeit.« (Wolfgang Körner, *Nowack*, 1969)

Tag 21, CentrO Oberhausen

»Das Ruhrgebiet ist das Amerika Deutschlands«, sagt Till Brönner in seiner Ausstellung *Melting Pott* im Duisburger Museum Küppersmühle.

Ergo muss der amerikanischste Ort Deutschlands das CentrO sein. Schon bei der Eröffnung 1996 war der von Arnold Schwarzenegger feierlich eröffnete Planet Hollywood-Burgerladen an der Promenade der große Renner. Das USA-Feeling lässt sich nirgendwo so gut nachempfinden wie in der Coca-Cola-Oase. In meinen kühnen Träumen habe ich mir einen Springbrunnen mit eisgekühlter Cola ausgemalt. Aktuell gibt es nicht einmal einen Getränkeautomaten (S. 155) – buh!

Tag 22, Oberhausen

Oberhausen, du bist voller Attraktionen. Du scheinst mir die vergnügungssüchtigste Stadt auf meiner Reise zu sein: CentrO, König-Pilsener-Arena, Legoland® Discovery Centre, Sealife, Aquapark und natürlich der Gasometer – das alles in deiner berühmten Neuen Mitte. Kaum zu glauben, dass das früher alles mal das Gelände der Gutehoffnungshütte war.

Du hast noch viel mehr Sehenswürdigkeiten: die Slinky Springs to Fame, der tanzende Zauberlehrling, das LVR-Industriemuseum Peter-Behrens-Bau, die Ludwiggalerie Schloss Oberhausen, Burg Vondern und Siedlung Eisenheim. Deine St. Antony-Hütte war 1758 das erste Eisenwerk im Ruhrgebiet. Deshalb rühmst du dich auch als Wiege der Ruhrindustrie. Das steht sogar auf einem Gebäude in deiner City. Ebenfalls in Bahnhofsnähe leuchten von einem Hochhaus die Schriftzüge »Glück auf!« und »Vielfalt ist unsere Heimat«. Das sind zwei meiner liebsten Sehenswürdigkeiten. Wie lange dauert es wohl, bis solche Bauten der Nachkriegsmoderne in Reiseführern und Touri-Broschüren erwähnt werden? Ein weiterer Hingucker ist die ehemalige Kohlemischanlage der Zeche Osterfeld. Ich bin da nur zufällig dran vorbeigeradelt und wurde von der glänzenden Kuppel angelockt. Mich überrascht es nicht, dass du sie zur Veranstaltungshalle umfunktioniert hast: Gartendom, soso.

Du bist eine Stadt der Kontraste. Mein Hotel, direkt hinter deinem Rathaus, liegt total ruhig und idyllisch, und das mitten in deiner Mitte (der alten), das habe ich so nicht erwartet. Dafür ist die Coca-Cola-Oase im CentrO der amerikanischste Ort, den ich außerhalb der USA erlebt habe. Konsumorientierung ist dir nicht fremd, Oberhausen. Wenn du da in Zukunft etwas ausgewogener wirst, steht einem Superhausen-Dasein nichts im Weg. Für mich warst du einen Tag lang schon Superhausen. Manchmal zwar etwas trashig, aber immer unterhaltsam. Und coole Street-Art hast du obendrein.

Tag 22, Duisburg-Meiderich

Duisburg, in den 50er Jahren die reichste Stadt Deutschlands, wurde von den Umbrüchen in der Montanindustrie ähnlich hart erwischt wie das benachbarte Oberhausen. Die einst stolze Stadt Montan wurde »zum Synonym für urbane Agonie. So sehr, dass die Wahl ausgerechnet auf *Les Misérables* fiel, als sich die Stadt zur Aufheiterung ein Musicaltheater verordnete«. (Stefan Schomann im *Merian*-Magazin 2001).

Tag 22, Duisburg-Ruhrort

»Aber Sonntag war Sonntag, und am Sonntag fuhr man im Ruhrgebiet irgendwohin, egal wie das Wetter ist.«
(Hilmar Klute, *Was dann nachher so schön fliegt*, 2018)

Tag 22, Duisburger Hafen

»Duisburg ist der rechte Ort, alle romantischen Vorstellungen von der Binnenschiffahrt über Bord zu werfen. Auf der Schnellverkehrsstraße Rhein zählt nur die Ökonomie, nicht die Poesie.«
(Dieter Vogt im *Merian*-Magazin 1980)

Tag 22, Ruhrort Schrottinsel

»Ernüchternde Gegenwart: kaum Farbe im Revier, die eisernen Bargen voll Rost, der Himmel ruhrpottverhangen. Das vor Betriebsamkeit keuchende Monstrum Duisburg-Ruhrort mit seiner sich türmenden Technik mag eindrucksvoll sein, aber der Dunst des Reviers hüllt es hartnäckig und wohl auch ein wenig gnädig in graue Schleier. Auf der Schrottinsel, die dreißig Fußballplätze groß ist, können 350.000 Tonnen Alteisen aufgehäuft werden.«
(Dieter Vogt im *Merian*-Magazin 1980)

Bis heute die größte Schrottinsel Europas.

Tag 22, Duisburg Mercatorinsel

Das *Echo des Poseidon* vor Industriekulisse – hier mündet die Ruhr in den Rhein.

Die mythologischen Skulpturen von Markus Lüpertz begegnen mir immer wieder: gestern im Museum Küppersmühle, letzte Woche in der Essener City und die Woche davor im Gelsenkirchener Nordsternpark (S. 108).

Tag 23, Brautmodenmeile Duisburg-Marxloh

Stichwort Duisbronx: Marxloh als No-go-Area zu bezeichnen ist überzogen und reißerisch. Der Stadtteil im Duisburger Norden gilt als so schwieriges Pflaster, dass Angela Merkel 2015 zum Bürgerdialog ins traditionsreiche Hotel Montan kam. Eine Straße weiter lässt sich mit aufmerksamen Augen die Marxloher Freiheitsstatue erspähen. Augenfälliger ist »das Wunder von Marxloh«: Die prachtvolle Merkez-Moschee mit ihren in den Himmel ragenden Minaretten wurde von der Tageszeitung *Die Welt* als »eine Ruhrgebietsattraktion im osmanischen Baustil« angepriesen. Und auf der Weseler Straße – besser bekannt als die Brautmodenmeile – gibt's deutschlandweit das größte Angebot an Hochzeitsmode. Braut und Bräutigam wird in den Fachgeschäften jeder Wunsch erfüllt und die Kundschaft kommt aus allen Teilen Deutschlands und der Welt. Warum steht sowas nicht in Reiseführern?

»Hier ist immer Leben«, bestätigt das Goethe-Institut in einem Dossier über die Stigmatisierung Marxlohs und vergleichbarer Stadtviertel. »Wer hier einkauft, wohnt und arbeitet, wird meist nur nach den Problemen gefragt. Und viel zu selten nach dem Leben.« (siehe auch S. 38)

Tag 23, Brautmodenmeile Duisburg-Marxloh

»Nach 1960 kamen die Türken, um in Kohlengruben und Gusseisenfabriken zu arbeiten. Sie brachten dann ihre Frauen und Töchter. Die schöne Stadt des Rheins wurde noch schöner.«
(Fakir Baykurt, *Der Zug nach Duisburg*, 1986)

Tag 23, Peter Pomm's Pusztetten-Stube, Duisburg-Marxloh

»Et is nich alleine den Hunger, wat mich anne Bude treibt,« sagte einmal die fiktive Sprachsoziologin und Ruhrdeutschexpertin Dr. Antonia Cervinski-Querenburg (aus der humoristischen *WAZ*-Kolumne von Rainer Bonhorst).

Der Satz gilt auch für Peter Pomm's Pusztetten-Stube, denn Karin und Nicole verkaufen hier nicht bloß Pommes. Wer den beiden bei der Arbeit zuschaut, merkt sofort, dass die »Frolleins vonne Pommesbude« gleichermaßen Sozialarbeiterinnen und Bindeglied zwischen allen Gesellschaftsschichten sind. Wie herzlich hier mit den Gästen umgegangen wird!

Den Kultimbiss gibt es seit 1958 und das Interieur stammt teilweise noch aus den Anfangsjahren. Früher kehrte regelmäßig Götz George alias Horst Schimanski ein. Der bestellte am liebsten die Curryletten. Auf Empfehlung des Hauses gab's für mich Pommes mit Pusztetten und Curryletten halb und halb. Wäre ich nicht mit dem Rad unterwegs, hätte ich mir eine Dose Pusztetten mitgenommen.

Fleischtopf (NR.4+*) 2,50 €
Nudeln mit Sauce (NR.3+4) 2,00 €
Nudeln mit Jäger oder
Zigeunersauce (NR.3+4) 2,50 €
Nudeln mit Pusztetten ® (NR.3 +4+*) 3,50 €
Plastiktüte 0,10 €
Bratrolle (aus Geflügel Separatorenfleisch NR.4+*) 1,20 €
Diebels Alt,König Pilsener 0,5 ltr.
Kakao 0,5 ltr. (NR.4)
Becher
Kaffee,Caffe Crema 0,2 ltr. (NR. 10)
Becher
Cappuccino,Caffe Latte oder
Latte Macchiato 0,2 ltr. (NR.10)

Tag 23, Ristorante Belvedere und Hotel LaVigie, Duisburg-Ruhrort

Ruhrort galt früher als Amsterdam Westfalens. Später als St. Pauli des Westens. Gibt es da etwa einen Zusammenhang mit meiner roten Badezimmerbeleuchtung? Ist wohl nur eine Wärmelampe. »Damit die Männer im Winter beim Rasieren nicht frieren müssen«, erklärt mir der Hotelier mit italienischem Akzent. Und mit dem Duschkopf lässt sich bestimmt das Bier aufmachen. Auch ganz fancy: In den Badezimmerspiegel ist ein süßes kleines Radio in Spiegeloptik eingebaut; den Hersteller gibt's schon längst nicht mehr. Es fehlt nur, dass Schimanski gleich an die Tür klopft. Und Frühstück mit Schnulz-Hits von Eros Ramazzotti und Blick auf Ruhrorter Hafen und Rhein ist auch allererste Sahne.

Tag 23, Ruhrort Spieltreff Stern

»Es gibt hier unglaublich gute Fakultäten, viele Studierende, viele Museen, Kunstvereine, Stadttheater und andere Kulturstätten. Was ich aber auch erfahre, ist eine extreme soziale Spaltung, eine brutale Zweiklassengesellschaft. Es gibt einen Teil der Bevölkerung, der an der Kultur und Wissensgesellschaft teilnimmt, aber offenbar gar nicht unbedingt in der Region lebt, sondern an- und abreist. Daneben gibt es viele Menschen, die hier dauerhaft in einer erschütternd verlorenen, prekären Situation leben. Das sind Leute, denen ich in der Straßenbahn begegne und die das Wort ›Ruhrtriennale‹ sicher noch nie gehört haben. So krass wie im Ruhrgebiet habe ich den Klassenunterschied fast nirgendwo sonst erfahren.« (Ruhrtriennale-Intendantin Stefanie Carp im *Coolibri*-Magazin auf die Frage, ob sie das Ruhrgebiet als Region des Wissens erfahre)

Tag 23, Ruhrort Gaststätte Endstation

»Ich hätte schon damals was über den Niedergang der Vorortkneipe schreiben können.«
(Wolfgang Welt, *Der Tick*, 2001)

Tag 23, Landschaftspark Duisburg-Nord

»Hier gibt es keinen richtigen Himmel, nur nachts das rötliche Zucken der Wolken.
Die Fabrik ist größer als die Stadt.«
(Günter Wallraff, *Industriereportagen*, 1966)

Tag 24, Lehmbruck Museum Duisburg

1881 als viertes Kind einer Bergarbeiterfamilie geboren, zog es Wilhelm Lehmbruck von Duisburg-Meiderich in die große Welt. In Paris lernte er sein Idol Auguste Rodin kennen. Für die beiden bedeutete Kunst, auch im Unvollendeten eine Form der Vollendung zu finden. »Nur dort ist Schönheit, wo Wahrheit ist«, befand Rodin. Dieser Bruch mit den gängigen Schönheitsidealen polarisierte hierzulande. Ein Kritiker schrieb über *Der Gestürzte* (1915), die überschlanke Figur »mit den unerhört langen Beinen, dem unerhört langen Hals wird wohl in irgendeiner Jahrmarktsbude sein verdientes Ende finden«.

Eine dieser »Jahrmarktsbuden« ist das Museum of Modern Art, das vier Lehmbruck-Skulpturen sein Eigen nennt. Bei einer großen US-Wanderschau waren Lehmbrucks Arbeiten bereits 1913 in New York ausgestellt worden. Ein Schmuckstück ist auch das 1964 von Wilhelms Sohn Manfred Lehmbruck entworfene Lehmbruck-Museum. Vor den lichtdurchfluteten Betonwänden entfalten Skulpturen wie *Die Große Sinnende* (1913) eine melancholisch entrückte Aura.

Tag 24, Tiger and Turtle Duisburg

Ich bin kein großer Fan von Halden und Landmarken, lasse mich aber gerne eines Besseren belehren: *Tiger and Turtle* ist nicht bloß eine sehens- und begehenswerte Attraktion, ich mag vor allem, wie Heike Mutter und Ulrich Genth ihr Kunstwerk erklären:

»*Tiger and Turtle* nimmt über die in ihm angelegte Dialektik von Geschwindigkeit und Stillstand Bezug auf die Umbruchsituation in der Region und deren Wandel durch Rückbau und Umstrukturierung. Indem die Skulptur die dem Bild der Achterbahn anhaftenden Erwartungen ad absurdum führt, reflektiert sie ihre eigene Rolle als potentielles überregionales Wahrzeichen, welches zwangsläufig als Bild vereinnahmt wird. Sie stellt der Logik des ewigen Wachstums eine absurd-widersprüchliche Struktur entgegen, die sich einer eindeutigen Interpretation widersetzt.«

Oder anders ausgedrückt: Die Achterbahn wird hier zum Symbol des (gefühlt) ewigen Strukturwandels, der im Schritttempo alles auf den Kopf gestellt hat.

Tag 24, Duisburg-City

Duisburger Dauerwellen.

Tag 24, Duisburg

Duisburg, du bist nicht leicht zu erschließen. Andreas Rossmann von der *FAZ* nannte dich mal eine sehnige Stadt und deinen Innenhafen das Filetstück. Ich habe versucht, mich von diesen Sehnen nicht abschrecken zu lassen. Was gar nicht so einfach ist, weil deine Entfernungen riesig sind. Von *Tiger and Turtle* zum Landschaftspark Duisburg-Nord sind es satte fünfzehn Kilometer, nach Marxloh und Walsum nochmal fünf bis zehn Kilometer mehr. Es kann kein Zufall sein, dass im ZDF-Städteranking drei polyzentrische Städte auf den letzten drei Plätzen zu finden sind: Gelsenkirchen, Herne und du. Du wirst zerstückelt von großflächigen Fabrik- und Hafenanlagen. Um mich besser orientieren zu können, habe ich zwei Hafenrundfahrten gemacht. Okay, die eine war nicht geplant, da saß ich aus Versehen im falschen Boot: Es ging den Rhein runter zu »Vergessenen Häfen«. Wie öde, dachte ich, war aber spannend. Wir sind durch allerlei Privathäfen von Thyssenkrupp geschippert. Fotografieren verboten!

Am liebsten schaue ich mir die bunten Container aus aller Welt an. Zu beobachten, wie die verladen werden, da fühle ich mich wie ein Kindergartenkind vor dem Baustellenzaun! Du bist ohne Frage die industriellste Stadt auf meiner Reise. Das *Merian*-Magazin beschrieb dich als »Synonym für urbane Agonie«. Ich nehme dich als lebenswerte Stadt wahr, Duisburg. Drei Abende habe ich am Ruhrorter Hafen ausklingen lassen – an der Schifferbörse kommt so richtige Hafenromantik auf. Den vierten Abend habe ich am See verbracht: Deine Sechs-Seen-Platte ist ein Traum. Nachmittags habe ich unterm Sonnenschirm am Rheinstrand Flammkuchen gegessen. Auch dein Dellplatz ist ein toller Ort zum Verweilen (das nächste Mal packe ich mir eine Frisbee ein). Dazu hast du zwei der besten Kunstmuseen des Ruhrgebiets: die Ausstellungen in der Küppersmühle und im Lehmbruck-Museum sind echte Highlights.

Zum Ausklang läuft spätabends im WDR zufällig ein Schimanski-*Tatort* von 1984. Schimanski ist einfach überall. Schade, dass du damals deine Uni nicht nach ihm benannt hast. Wobei Schimanski nicht immer so beliebt war. Dein Pressechef beschwerte sich 1984 in der *Bild am Sonntag*, die Drehorte seien immer die schmuddeligsten Ecken der Stadt: »Nichts als negative Klischees. Das haben unsere 575.000 Einwohner nicht verdient.«

InterBulk

Kalkweg
Erholungsgebiet
Sechs-Seen-Platte

Tag 25, Hotel Noy Mülheim

Frei nach Roger Willemsen: Ich stehe in einem Hotel in Mülheim und suche nach Sätzen über Mülheim. Das dauert.

Tag 25, Hotel Noy Mülheim

Das vornehmste Hotel auf meiner Reise. Eine Online-Rezension bringt es auf den Punkt und bezeichnet das Hotel Noy als »a real 60s showroom« – so viele schöne Details zu entdecken! Auf den Zimmern sind Aluchairs von Charles & Ray Eames, im Frühstückssaal steht ein Klavier, es gibt eine altmodische Telefonkabine und Aschenbecherhalterungen auf den WCs. Zu den prominenten Gästen zählten Harald Juhnke, Curd Jürgens und Helmut Kohl.

Und auch von außen ist es sehenswert: die 50er-Jahre-Architektur ist typisch für die Mülheimer City.

Tag 26, Mülheim an der Ruhr

Mülheim, so recht habe ich gar keine Meinung zu dir. Als ich bei dir ankam, bin ich gleich an deinem eleganten Wasserbahnhof in die Weiße Flotte gehüpft und nach Kettwig geschippert. Bei 40 Grad hielt ich das für eine gute Idee. Schließlich bist du die einzige Großstadt der Ruhr-Metropolregion, von der sich sagen lässt, dass die Ruhr mittendurch fließt. Erst gegen Abend war ich wieder bei dir. Ich radelte von Osten in deine City und wurde von den imposanten Hochhäusern des Forum City Mülheim (S. 150) empfangen. Da bin ich auch gleich rein. Einkaufszentren scheinst du zu mögen! Dein Rhein-Ruhr-Zentrum habe ich letzte Woche schon erkundet. Ansonsten habe ich gar nicht mehr viel unternommen. Ist auch viel zu heiß! In deinem kleinen Kunstmuseum Temporär habe ich mich bestens unterhalten; leider wird zurzeit dein hochkarätiges Kunstmuseum in der alten Post renoviert.

Mein gestriger Abendspaziergang führte mich über die Ruhrpromenade zum Müga-Park, Schloss Broich und Ringlokschuppen. Bei Ronja gab es veganes Abendessen. Das hat mir alles gut gefallen. Sei mir bitte nicht böse, dass das Highlight meines Aufenthalts mein Hotel ist. Wie schön das Hotel Noy ist! Herr Noy Junior hat mir beim Checkout dann noch ein bisschen was über dich erzählt. Über deine alte Lederindustrie zum Beispiel, über Hugo Stinnes' Dagobert-Duck-Mentalität, und über Aldi und Tengelmann. Eine »Straße der Millionäre« hast du auch. Nun bin ich ein bisschen schlauer. Legst du eigentlich Wert auf das Fluss-Anhängsel, liebes Mülheim?

Tag 26, Villa Hügel Essen

Pinkelpause bei den Krupps – nachdem ich widerwillig fünf Euro hingeblättert habe, um überhaupt in den Hügelpark zu kommen. Mein silbernes Bianchi parke ich dafür schön im Halteverbot direkt vorm Haupteingang des Krupp-Palastes. Und wenn ich schon mal da bin, erkundige ich mich in der historischen Krupp-Ausstellung nach Arndt von Bohlen und Halbach. Die kleine Vitrine über das Enfant terrible und den letzten Erben der Industriellenfamilie ist gar nicht leicht zu finden. Der früh verstorbene »Playboy« und Jetsetter wird darin für seinen »verantwortungsvollen Erbverzicht« gelobt. Alright!

Ansonsten sind Sätze zu lesen wie: »Bereits vor dem Krieg griff das NS-Regime direkt in die Leitung des Unternehmens ein.« Oh weh, die armen Krupps! Schlagt mal »Lex Krupp« nach: Damit hat Hitler 1943 den Krupps ermöglicht, etwa 400 Millionen Reichsmark Erbschaftssteuer zu sparen. Und auch Unternehmenspatriarch Alfred Krupp, der die Firma im 19. Jahrhundert zum größten Industriebetrieb Europas gemacht hatte, trug nicht umsonst den Spitznamen Kanonenkönig. Dass die vom Stahlbaron eingeführten betrieblichen Wohlfahrtsprogramme die Lebensbedingungen in der Region ungemein verbesserten, verblasst durch die zutiefst autoritäre »Industriepädagogik«, die auf Gehorsam und Loyalität getrimmt war und jede Politisierung oder Gewerkschaftsnähe untersagte. Krupp war der festen Überzeugung, höhere Politik erfordere »mehr Zeit und Einblick in die Verhältnisse, als dem Arbeiter verliehen ist«, und regulierte die Fürsorgeleistungen so streng, dass die Kruppianer mit ihren Familien de facto an das Unternehmen gefesselt wurden.

Der englische Autor und Fotograf Johny Pitts hat über europäische Prachtbauten einen Satz geschrieben, der sich auch auf die Villa Hügel anwenden lässt: »In der Machtdynamik der Welt war dies die Spitze der Nahrungskette, und jedes Mal, wenn ich einen solchen Ort besuchte, musste ich bei seiner Betrachtung daran denken, wessen Blut für ihn vergossen und welche Menschen für die Entstehung und Erhaltung solch erhabener Schönheit ausgebeutet worden waren.« Dass der Reichtum der Krupps auf kapitalistischer wie auch kolonialer Ausbeutung fußt, ist kein Geheimnis. Wie sagte Rodin so schön: »Nur dort ist Schönheit, wo Wahrheit ist.« Deshalb werde ich mich mit diesem Ort wohl nicht anfreunden.

Tag 27, Eiscafe Europa Wattenscheid-Mitte

Wattenscheid, 1975 eingemeindet, fühlt sich seit jeher von Bochum stiefmütterlich behandelt. Ein paar exemplarische Stimmen über die graue Maus inmitten des Reviers:

»In Wattenscheid. Da sind noch Straßen, die aussehen wie Ruhrgebiet«, vermerkte *Marabo*-Chefredakteur Peter Krauskopf 1993 im *Merian*-Magazin. Bayern-Manager Uli Hoeneß unkte 1990 beim Aufstieg der SG Wattenscheid 09 in die 1. Bundesliga: »Das Schlimmste, was der Liga passieren konnte.« Und ein 2006 veröffentlichter Roman des Literatur- und Journalistenpreisträgers Hans Dieter Baroth heißt: »Nie mehr Wattenscheid«. Genug Gründe für mich, dort meinen nächsten Stopp einzulegen.

Ein bisschen Glamour hat Wattenscheid auch zu bieten: James Bond (also der fiktive Charakter) wurde 1920 in Wattenscheid geboren. Bonds Vater lebte im Ruhrgebiet mit der Geheimmission, Krupp zu zerschlagen. Bloß warum gibt's hier kein Eiscafé 007, keine 007-Bar, keine Hausnummern 007?

PS: Dieses Bild ist Enis Maci gewidmet, die mit ihrem Essayband *Eiscafé Europa* den Literaturpreis Ruhr 2020 gewonnen hat (siehe S. 234).

Eis Cafe
EUROPA

Tag 27, Himmelstreppe Halde Rheinelbe Gelsenkirchen

Ein magischer Moment, gegen Ende meiner Tour oben an der Himmelstreppe zu sitzen und auf das Ruhrgebiet zu blicken. Gelsenkirchen, Bochum, Essen und Herne gehen hier im Vier-Städte-Eck ineinander über. Am Fuß der Halde liegt zur einen Seite das Wattenscheider Lohrheidestadion (S. 34 unten), zur anderen Seite die malerische alte Künstlersiedlung Halfmannshof. Zum trendigen Kreativquartier Ückendorf ist es auch nur ein Katzensprung.

Unweit von hier verfasste die Gelsenkirchener Bergmannstochter Ilse Kibgis ihre berührenden Gedichte. Dieses trägt den Titel *Näherin*:

sie näht Reißverschlüsse
in Röcke
acht Stunden am Tag
schon acht Jahre lang

aneinandergereiht
ergäbe das
einen Reißverschluß
der die Welt
auf- und zuschlitzt

oder einen
der den Himmel öffnet

aber ihre Welt
sind die Häuser auf der
anderen Straßenseite
hundert Reißverschlüsse weit

und ihr Himmel
ist die weißgetünchte Decke
über ihrem Kopf

bis zur Altersrente
muß sie noch
zehn Jahre lang
Zehn-Zentimeter-Welten
aneinanderreihen

danach steht ihr dann
die Welt offen

Tag 27, Emilstrasse Wattenscheid-Höntrop

Wattenscheid machte vor zwanzig Jahren sogar bundesweit Schlagzeilen. Einen Tag nach den Millenniumsfeierlichkeiten tat sich in einem Wohngebiet im Ortsteil Höntrop ein dreißig Meter tiefer und mehrere hundert Quadratmeter großer Krater auf: das Höntroper Loch.

»Wattenscheid am Abgrund«, titelte *Bild*. Alle großen TV-Sender waren vor Ort. Auch Herr Brüne, dessen Grundstück direkt an die Unglücksstelle heranreicht, war ein beliebter Interviewpartner.

Herr Brüne ist so freundlich, mich in seinen Garten einzuladen und zeigt mir eine alte Mappe mit amtlichen Dokumenten und Zeitungsausschnitten. Anschließend gehen wir zum Ort des Geschehens. Und von seiner Frau gibt's sogar Wegzehrung – besten Dank für die Gastfreundschaft!

Auf diesem Zeitungsausschnitt lässt sich das Ausmaß der Katastrophe erahnen.

Bergbau: Ewige Schäden und ewige Erinnerungen

Ich stehe vor dem Hotel Beckmannshof mitten in Bochum-Wattenscheid. Von Stadt keine Spur, obwohl die Wattenscheider Fußgängerzone maximal 500 Meter entfernt sein kann. Letzte Nacht war einzig das Zirpen der Grillen zu hören und auch bei Tag weckt die ländliche Idylle Kindheitserinnerungen an das Kleinstadthaus meiner Großeltern. Ursprünglich diente der Beckmannshof als Gastronomie eines Freibades, das aus dem Grubenwasser der benachbarten Zeche Morgensonne gespeist wurde. Laut Hotelbroschüre war es »seinerzeit das einzige Freibad im mittleren Ruhrgebiet«, bevor es 1965 der Schließung der Zeche zum Opfer fiel. Das Gebäude des heutigen Hotels blieb erhalten, im Garten sieht man noch die Überreste der alten Schwimmbecken und im Treppenhaus hängen Aufnahmen aus der Blüte des Freibadbetriebes. Die Fotos stammen aus einer Zeit, als meine Großeltern jünger waren als ich heute.

Ein Schwimmbad könnte ich heute auch gut gebrauchen! »Der Westen stöhnt unter der Hitze«, lese ich beim Frühstück in der Wattenscheider Ausgabe der *WAZ*. Auch heute werden wieder über 40 Grad erwartet. Ich breche deshalb schon um kurz nach neun auf. Frau Mucha, die mit ihrem Mann den Beckmannshof betreibt, verabschiedet mich vor dem Hoteleingang und fragt, was mein nächstes Ziel sei. Das Höntroper Loch, antworte ich. Frau Mucha lacht: »Da gibt's nichts mehr zu sehen!«

Ich will trotzdem hin. Die Ewigkeitsschäden, die 150 Jahre Bergbau hinterlassen haben, sind ein großes Thema im Ruhrgebiet, und nirgendwo sind sie so deutlich zutage getreten wie im Wattenscheider Ortsteil Höntrop. Ewigkeitsschäden, so bezeichnet man die Belastungen und Folgekosten, die durch den Bergbau entstanden sind und künftige Generationen in vielfacher Hinsicht beschäftigen werden. Deshalb gibt es noch ein weiteres Wort dafür: Ewigkeitsaufgaben. Wenn von den vielen Bergschäden im Ruhrgebiet berichtet wird, müsste man sich vermutlich

Die Wattenscheider *WAZ* vermeldet Rekordhitze.

Das ehemalige Freibad am Beckmannshof.

eingestehen, dass die ganze Region ein einziger Bergschaden ist. Durch den Raubbau unter Tage ist die Erdoberfläche im Kohlenrevier bis zu 25 Meter abgesackt, viele Häuser haben Risse bekommen, die Emscher würde rückwärts fließen, wenn das Flussbett nicht mehrfach angehoben worden wäre, und weite Teile der Region wären ohne ständiges Grundwasserpumpen längst eine Seenlandschaft. Was alles auch kein Wunder ist bei der unvorstellbaren Menge an Kohle, die im Ruhrgebiet gefördert wurde: Allein auf Zeche Zollverein wurden täglich mehr als 23.000 Tonnen Rohkohle abgebaut, als Gesamtfördermenge gibt die Essener Zeche 240 Millionen Tonnen an.

Damit die Bewohner:innen des Ruhrgebiets dennoch ruhig schlafen können, wird das Ruhrgebiet seit 1983 kontinuierlich seismisch überwacht und viel Geld in geologische Untersuchungen investiert. Das änderte nichts daran, dass in Höntrop vor zwanzig Jahren die Erde bebte – am 2. Januar 2000 tat sich in der Emilstraße ein riesiger Krater auf, ein sogenannter Tagesbruch. Als ich in der Emilstraße ankomme, versuche ich anhand alter Fotos die Unglücksstelle auszumachen. Leichter gesagt als getan, denn die Emilstraße schlängelt sich über eine Länge von eineinhalb Kilometern und hat vier Seitenstraßen, die auch jeweils Emilstraße heißen. Dooferweise sind so früh am Freitagmorgen noch keine Anwohner:innen zu sehen, die ich fragen könnte.

Erst nach mehreren Minuten kommt mir ein Radfahrer entgegen. Der Mann ist eilig unterwegs, ohne Umschweife erkundige ich mich nach dem Höntroper Loch. Wieder Lachen: »Da gibt's nichts mehr zu sehen, das ist längst zugeschüttet.« Meine Frage scheint ihn neugierig gemacht zu haben. Obwohl der Herr auf dem Weg zu einem Termin ist, steigt er von seinem Fahrrad

Von der Straße ist dieses abgesackte Haus in Bochum-Harpen nur noch halb zu sehen.

und wir kommen ins Gespräch. Es stellt sich heraus, dass er direkt an der Unglücksstelle wohnt und auch damals schon gewohnt hat. Nach einigen Minuten drückt mir Herr Buckert seine Visitenkarte, die ihn als Rechtsanwalt ausweist, in die Hand und schwingt sich auf sein Rad. »Fahren Sie mal zu meinem Nachbarn, Brüne heißt der. Der müsste zuhause sein und kann Ihnen mehr erzählen.« Wie beschrieben fahre ich in eine der Emilstraßen und folge dem L-förmigen Straßenverlauf. Am Ende der verkehrsberuhigten Straße finde ich die Hausnummer 57. Ich vergleiche die Häuser mit Fotos aus dem Internet, kann aber nichts wiedererkennen. Da kommt ein Mann um die Ecke und beäugt mich skeptisch. »Kann ich Ihnen helfen?«

Ich erwähne meine Begegnung mit Herrn Buckert, frage den Mann, ob er Herr Brüne und hier irgendwo das Höntroper Loch zu finden sei. Herr Brüne bejaht lachend – der Eisbrecher funktioniert erneut – und lädt mich in seinen Garten ein. »Da war das Loch«, sagt er und zeigt hinter eine Hecke. An den Tag des Unglücks erinnere er sich gut, aus ihrem Schlafzimmer hätten die Brünes freie Sicht auf das Loch gehabt, das zunächst gar nicht als solches zu identifizieren gewesen sei: »Das sah aus wie eine Rauchwolke!« Herr Brüne rief die Feuerwehr, während das Telefon der Eheleute Scholz, deren Haus vom Loch geschluckt zu werden drohte, schon nicht mehr funktionierte. »Die waren ziemlich in Panik.

Und das Loch wurde immer größer, der Boden sackte ab. Da standen zwei hohe Fichten, eine nach der anderen versank dann im Loch.«

In Windeseile rückten Rettungskräfte an, um die Unglücksstelle zu sichern und die umliegenden Häuser zu evakuieren. Es folgten Scharen von Journalist:innen sowie unzählige TV-Teams; das »Millenniumsloch« sorgte weltweit für Schlagzeilen. Herr Brüne erinnert sich, dass das Fernsehteam eines Privatsenders ihn gebeten habe, beim Verlassen seines Hauses einen Koffer zu tragen – Herr Brüne lehnte ab. Die Brünes konnten sogar noch am selben Tag in ihr Haus zurückkehren. In der Nacht zu Montag hätten die Brünes dann einen weiteren Knall vernommen. »Da war ein zweites Loch, wir mussten die restliche Nacht auf der Straße verbringen.« Herr Brüne geht ins Haus und holt eine Mappe mit Zeitungsausschnitten, einem Evakuierungsplan und weiteren amtlichen

Dokumenten. Ich bin begeistert von den ordentlich abgehefteten Materialien. In der *Bild* lese ich: »Die Erde bebte kurz, grummelte und gurgelte. Und plötzlich war da ein Riesen-Loch zwischen zwei Häusern auf der Emilstraße im Bochumer Stadtteil Höntrop. Der 40 Meter tiefe Krater verschlang eine Garage samt Auto, Bäume, Sträucher, Sitzbänke«. In der Ausgabe vom darauffolgenden Tag dann die reißerische Schlagzeile: »Kann mein Haus auch verschluckt werden?«

Die Brünes hatten das Privileg, in ihrem Haus bleiben zu können. Vor dem Kauf des Grundstücks hatte Herr Brüne eine bergbauliche Untersuchung veranlasst, die ihn »Unsummen gekostet« habe, im Ergebnis aber grünes Licht für den Hausbau gab und Unbedenklichkeit bescheinigte. Andere Anwohner:innen hätten diese Sicherheit nicht gehabt und Obdach in Notunterkünften suchen müssen. Ich erfahre, dass der ehemalige Schacht 4 der Zeche Vereinigte Maria Anna Steinbank seinerzeit nur zu etwa zwanzig Metern verfüllt wurde, nachdem der Förderturm in die über 400 Meter tiefe Schachtgrube hinabgestürzt war und sich dort verkeilt hatte. Das war 1906. In den 60ern seien nachträglich noch Sicherheitssensoren eingebaut worden, berichtet Herr Brüne. Nur logisch, dass die umliegenden Grundstücke jahrelang als unbebaubar galten.

In den Wochen nach dem Millenniumsunglück wurden neuerliche, diesmal abschließende Verfüllungsmaßnahmen eingeleitet. Eine Mammutaufgabe, die vier bis fünf Jahre andauerte – eine große Belastung für alle Anwohner:innen. Mittlerweile ist auch Brünes Ehefrau nach Hause gekommen und ergänzt die Berichte ihres Gatten. Vor dem Loch, direkt vor dem ehelichen Schlafzimmer, sei ein Wendekreis für LKWs eingerichtet worden, berichtet Frau Brüne. »Das war ein Krach, es wurde Tag und Nacht verfüllt!« Es sei kein Wunder gewesen, dass einige Hauseigentümer:innen gar nicht in ihre Häuser zurückgekehrt seien, die Eheleute Scholz zum Beispiel. Die vakanten Häuser wurden vom Land Nordrhein-Westfalen aufgekauft. Insgesamt beliefen sich die Folgekosten des Höntroper Lochs auf rund zehn Millionen Euro.

Immer wenn von derartigen Bergschäden die Rede ist, befeuert das die Ängste und Diskussionen, dass so etwas jederzeit wieder passieren könnte. Im Dezember 2013 wurde Herr Brüne in die WDR-Sendung *Daheim und unterwegs* eingeladen. Das Thema hieß: »Bergbauschäden – wenn NRW im Erdloch verschwindet«. In einer alten *Focus*-Ausgabe lese ich: »Die Zeitbombe im Pott. Das Unglück in Wattenscheid kann sich überall wiederholen, behaupten Experten«, denn »die Welt unter der Erde zwischen Ruhr und Lippe gleicht einem Schweizer Käse«. Ich frage Herrn Brüne, der mittlerweile selbst Experte sein dürfte, wie der Stand heute ist. »Nach dem Unglück sind überall im Revier Hohlraumkontrollen durchgeführt worden und Höntrop ist seitdem sicher«, versichert Herr Brüne. Für andere Bochumer Stadtteile wie Weitmar gelte das allerdings nicht.

Abschließend schlägt Herr Brüne vor, mir die genaue Stelle des Lochs zu zeigen. Wir gehen das L zurück und biegen in den nächsten Seitenarm der Emilstraße ein. Die Stelle, an der einst Krater und LKW-Wendekreis waren, ist heute großflächig zugepflastert. Die eingezäunte Auffahrt ist übertrieben groß und lässt die enormen Ausmaße des damaligen Kraters erahnen. Herr Brüne posiert für ein letztes Foto vor einer Hecke, Frau Brüne versorgt mich mit Wegzehrung, und voller Glück, das Höntroper Loch irgendwie doch gefunden zu haben, radele ich weiter in Bochums Stadtmitte.

»Höntrop ist sicher.«

Exakt an dieser Stelle war das Höntroper Loch.

In Bochum will ich eigentlich den Bergbau hinter mir lassen und mir eine Fotoausstellung anschauen. Bei 40 Grad nicht die schlechteste Idee, finde ich. Doch das Kunstmuseum hat geschlossen (eine technische Störung, ist etwa die Klimaanlage ausgefallen?) und ich fahre weiter zum Deutschen Bergbau-Museum, das zu meiner Überraschung auch ein Kunstmuseum ist. In der Ausstellung *Kunst – Ideal und Wirklichkeit* begeistern mich Werke von Hans Baluschek, Conrad Felixmüller und Tisa von der Schulenburg. Ich lerne, dass Albert Kelterbaum der »Heinrich Zille des Reviers« ist. Auf meinem Lieblingsbild – *Nach der Schicht,* 1980 von Friedrich Neugebauer gemalt – sitzen zwei Kumpels mit rußigen Gesichtern beim Feierabendtee.

»Mit dem Ruß auf den Wangen, den kohleverschmierten Gesichtern, da sahen doch eh alle gleich aus. Wie der Wallraff als Türke, gemeinsam ganz unten«, fabulierte der Berliner Schriftsteller Lucas Vogelsang, ehe er im Oktober 2018 zum Stadtschreiber Ruhr ernannt wurde. Neugebauers Gemälde fasziniert mich, noch mehr aber, dass Vogelsangs Worte, die ich aus meinem Gedächtnis grabe, nicht bloß als Kommentar zu der tristen Feierabendszene funktionieren. Fünf Jahre nach Entstehung des Porträts zur Welt gekommen, ist Vogelsang den beiden Bergmännern natürlich ein paar Schritte voraus und nimmt deren Zukunft vorweg: »Und als das Zechensterben begann, dieser schleichende Tod der Region, jeder gefallene Schornstein ein letzter Atemzug, standen sie zusammen auf der Straße und wussten nicht, was jetzt wird.« Rückblickend hätte das Bild genauso gut *Schicht im Schacht* heißen können.

Friedrich Neugebauer: *Nach der Schicht* (1980)

Mich erwartet nun auch ein Schacht. Der große Stolz des Bergbaumuseums ist der Grubenfahrtsimulator. Mit einer vorgegaukelten Geschwindigkeit von acht Metern pro Sekunde wird man in die Tiefe befördert, eine echte Seilfahrt war sogar fast doppelt so schnell, einige hundert Meter unter die Erde ging es da – im Bergbaumuseum sind es dagegen bloß siebzehn Meter. Während der mehrminütigen Fahrstuhlfahrt erscheinen an den Aufzugswänden aufwändig produzierte Videosequenzen: Ein Fördermaschinist, gespielt von Martin Lindow, begrüßt uns im Bergwerk und hält kurz auf jeder Sohle, um uns seinen Pütt zu zeigen. Außer mir ist nur ein weiterer Museumsgast im Aufzug, ein älterer Herr, der jedes »Glück auf!« der virtuellen Kumpels pflichtbewusst mit »Glück auf!« beantwortet.

Im Anschauungsbergwerk angekommen, erklärt sich der Eifer des Mannes und ich kann mein Glück kaum fassen: Günter Perske ist ein waschechter Bergmann. In den 50ern und 60ern arbeitete der heutige Mittachtziger auf den Dortmunder Zechen Zollern und Germania. Wir machen uns bekannt und sind sofort auf einer Wellenlänge. Herr Perske freut sich, jemanden zu haben, mit dem er seine Erinnerungen teilen kann, und ich lausche gespannt. Geboren wurde Perske 1935 in Groß Linichen in Pommern, nach der Heimatvertreibung kam seine Familie 1945 in einer Behelfsbaracke im ostholsteinischen Eutin unter. Ein mittelprächtiger Volksschulabschluss erschwerte die Suche nach einer Lehrstelle, also jobbte Perske als Laufbursche in einer Wäscherei und hoffte, 1953 eine Lehre bei der Reichsbahn antreten zu können. An den schicksalhaften Tag, der alles veränderte, erinnert sich Perske, als wäre es gestern gewesen: »Im März 1952, es war an einem Sonntagmorgen, klopfte es an unsere Verandatür, ein gut gekleideter Herr, der sich als Heimleiter eines Lehrlingsheimes vorstellte, wollte mich sprechen. Er sei auf Werbetour, um junge Männer für den Kohlebergbau im Ruhrgebiet anzuwerben. Meine Eltern waren etwas überrascht und wollten einer Lehre als Berglehrling nicht zustimmen, ich hatte ja eine Zusage für 1953 als Jungwerker bei der Reichsbahn eingestellt zu werden. Doch im Gespräch erwähnte der Heimleiter, dass Kohlezechen über eigene Bahnen wie die Reichsbahn verfügen und dort bestehe durchaus die Möglichkeit, eine Lehrstelle zu bekommen. Dieser Vorschlag fruchtete bei meinen Eltern.« So kam Perske 1952 ins Ruhrgebiet, genauer gesagt: ins Lehrlingsheim von Zeche Zollern II in Dortmund-Bövinghausen.

Dass Perske nie für die Zechenbahn gearbeitet hat, entlockt ihm auch fast siebzig Jahre später noch ein herzhaftes Lachen. Gemeinsam erkunden wir den Rundgang unter Tage, immer wieder bleibt Herr Perske stehen und erzählt Anekdoten von früher oder greift sich beherzt eines der Ausstellungsobjekte. Während ich es gewohnt bin, in Museen nichts anzufassen, schnappt sich der Rentner einen Abbauhammer und drückt ihn mir in die Hand: »Halten Sie mal!« Der Abbauhammer wiegt bestimmt zehn Kilo. »Sechs Stunden hab' ich den in den Berg gerammt!« Ehe ich mich versehe, demonstriert Herr Perske, mit seinen über achtzig Jahren erstaunlich rüstig, wie er mit dem Abbauhammer im Streb lag und schräg nach oben hämmerte. Einige Besucher:innen beobachten die Szene, halten interessiert inne und lauschen Perskes Ausführungen, weil sie aber womöglich glauben, ich hätte eine persönliche Führung mit dem alten Bergmann gebucht, ziehen sie diskret weiter. Derweil erzählt Herr Perske, noch immer inmitten der Abbauhämmer, von den gefürchteten Sargdeckeln: »Das waren Einlagerungen im Hangenden, die konisch nach oben verliefen, der Hauer bezeichnete diese als Sargdeckel. Diese Einlagerungen waren besonders gefürchtet, sie lösten sich ohne Vorwarnung.« Statt mit zusätzlichen Stützvorrichtungen das schlagartige Hereinbrechen von Gestein zu verhindern, hät-

Günter Perske unter Tage.

Herr Perske an alter Wirkungsstätte: Das Fördergerüst gehörte einst zu »seiner« Zeche Germania.

ten einige risikofreudige Kumpels ohne Absicherung weitergearbeitet, um ihren Schichtlohn von 23 Mark auf bis zu 35 Mark steigern zu können. Diese Leichtsinnigkeit bezahlten einige Bergleute mit ihrem Leben.

»Ich war kein Draufgänger. Ich habe die Sicherheitsvorkehrungen immer beachtet«, beteuert Herr Perske, der dennoch in einige brenzlige Situationen geriet. Er zeigt auf die hydraulischen Grubenstempel, die im modernen Bergbau zum Abstützen des Hangenden benutzt werden. »Wir mussten diese Stempel noch mechanisch in den Berg rammen.« Einmal habe der immense Bergdruck einige dieser Stempel »singen lassen« und es folgte »ein fürchterliches Donnern«. Mehrere Stempel hatten sich verkeilt, Perske und seine Kumpels eilten sofort davon. »Doch plötzlich ging es nicht mehr weiter, der Streb war zu Bruch gegangen, bis an den Kohlenstoß waren die Gesteinsmassen hereingebrochen und begruben alles unter sich, wir waren eingeschlossen, zwischen zwei Strebbrüchen, die jegliche Flucht unmöglich machten. Wir waren nun in größter Aufregung, die Angst stand uns ins Gesicht geschrieben, ich spürte die totale Angst, als säße der Teufel persönlich in meinem Nacken.« Zum Glück behielten der Steiger und zwei erfahrene Hauer die Ruhe und konnten die gesamte Mannschaft evakuieren.

Trotz der Ängste, die Perskes Zeit unter Tage begleiteten, machte er Karriere im Bergbau, wechselte 1959 zur Zeche Germania und stieg dort auf zum aufsichtführenden Grubensteiger, verantwortlich für insgesamt 142 Bergleute. In leitender Funktion verspürte Perske fortan eine besondere Verantwortung, die er gewissenhaft annahm, aber auch zunehmend zur Belastung wurde. Wenn Perske mit der Sicherheitslampe die Grubengasansammlungen ableuchtete, begleitete ihn stets die Gefahr einer Schlagwetterexplosion. Natürlich habe man mit Vorsichtsmaßnahmen etwas erreichen können, doch »gänzlich ausschließen ließen sich derartige Ereignisse nicht«. Und dass niemand wissen konnte, ob die verheerenden Katastrophen anderswo durch Nachlässigkeiten ausgelöst worden waren oder ob es schlicht Pech war, ließ den jungen Mann nicht los.

Als wir an einem Gummigurtförderband vorbeilaufen, erinnert sich Herr Perske an seinen guten Freund Helmuth, der 1962 bei einer Nachtschicht verunglückte. »Es war nicht zu fassen, was da passiert war. Er ist auf einem Kohleband zu Tode gekommen, weil er nicht die 400 Meter in gebückter Haltung zurückgehen wollte. An einem Streckenbruch wurde er vom Band in den Berg gedrückt und zog sich dabei tödliche Verletzungen zu. Dieses schreckliche Ereignis brachte alles durcheinander.« Nur wenige Tage nach der Beerdigung folgte eine weitere Katastrophenmeldung. Am 9. März 1962 ereignete sich auf der Zeche Sachsen in Hamm-Heessen eine Schlagwetterexplosion mit 31 Toten. Diese tragischen Ereignisse ließen auch Perske an seiner Zukunft im Bergbau zweifeln. Sein Gedankenkarussell bekam weiteren Schwung, als bekannt wurde, dass noch im selben Monat drei Zechen den Betrieb einstellten. Die Zeche Germania galt damals zwar als Vorzeigebetrieb und hatte eine der modernsten und leistungsstärksten Förderanlagen Europas, allerdings mehrten sich auch hier geologische Unregelmäßigkeiten, die die Abbaumenge nachhaltig beeinträchtigten. Zudem kam es immer häufiger vor, dass man wegen Absatzschwierigkeiten sprichwörtlich auf der Kohle sitzen blieb, die Vorratshalden vergrößerten sich täglich, während der Leistungsdruck von Jahr zu Jahr größer wurde. »Irgendwann hieß es nur noch: Kohle, Kohle, Kohle!«, sagt Perske.

Da realisierte Perske: »Der Bergbau hat keine Zukunft!« 1963 zog er mit seiner Ehefrau Gitta nach Schwäbisch Hall und verdiente sein Geld fortan im Tief- und Straßenbau. »Da war jeder Tag wie früher Urlaub«, lacht Perske. Wir folgen dem Rundgang und fahren zum Abschluss auf die Aussichtsplattform des Fördergerüsts. An dessen Stahlseilen fuhr Perske jahrelang ins Bergwerk ein: das Fördergerüst des Bergbaumuseums gehörte früher zur Zeche Germania. Dem Bergbau ist Perske über all die Jahre verbunden geblieben und immer wieder in seine alte Heimat gereist. Seine Bergschulklasse feiert jedes Jahr im Oktober Jubiläum – 2020 bereits zum sechzigsten Mal. »Der Bergbau hat mich geprägt und gab mir eine Perspektive«, resümiert Perske. Und ich bin dankbar, innerhalb eines Tages zwei so tiefe und unvergessliche Einblicke in den Ruhrkohlebergbau bekommen zu haben.

Das Deutsche Bergbau-Museum Bochum.

Tag 27, Möbel Hardi Langendreer

Industriespionage ist ein heikles Thema im Ruhrgebiet. Schon 1930 berichtete Heinrich Hauser: »Sehr unangenehm die Privatpolizei der großen Werke, die in einer sinnlosen Angst vor Werkspionage auch auf öffentlicher Straße das Photographieren zu verhindern sucht.«

In Bochum-Langendreer bin ich an diesem schmucken Bau vorbeigeradelt – perfekt für meine Baumarktsammlung! Während ich auf dem frei zugänglichen Parkplatz stehe (etwa fünf Meter vom Bürgersteig entfernt) und versuche, die wunderbaren Farben und Formen einzufangen, kommt ein Mitarbeiter heraus, der gerade Feierabend macht. Es folgt dieser erinnerungswürdige Dialog:

Er: »Das ist Industriespionage!«
Ich: »Das ist ein Baumarkt!«
Er: »Das ist ein Möbelhaus!«

Liebes Möbel-Hardi-Team, ich bekenne mich schuldig! Leider ist es bei diesen drei Schnappschüssen geblieben.

Tag 27, Wissenschaftspark Gelsenkirchen

Ich weiß nicht, was bei dieser Aufnahme passiert ist: Auch ohne Filter sieht sie aus wie ein gerendertes Architekturfoto – seltsam!

Tag 28, Ruhrstadion Bochum

Um an dieser Stelle noch einmal eine Lanze für Wattenscheid zu brechen: Hier im Ruhrstadion besiegten 1991 die vermeintlichen grauen Mäuse von der SG Wattenscheid 09 den großen FC Bayern München mit 3:2!

Tag 28, Lutherlab (in der ehemaligen Lutherkirche) Bochum-Langendreer

Mein vorletzter Tag im Revier ist auch der vorletzte Tag der Wolfgang-Welt-Ausstellung *Aber ich schrieb mich verrückt*. Zu den Exponaten gehören seine Olympia-Schreibmaschine und die Nachtwächteruniform aus dem Schauspielhaus. In Vitrinen lassen sich Briefwechsel mit Peter Handke, Achim Reichel, Jürgen Lodemann und dem Suhrkamp Verlag nachlesen. Das lässige Foto mit Fluppe im Mund (welches auch das Cover der Suhrkamp-Erstauflage von *Buddy Holly auf der Wilhelmshöhe* ziert) hat Andreas Böttcher gemacht.

Als Souvenir entscheide ich mich für einen abreißbaren Verriss des Albums *Die Zeit ist ab* aus einem *Marabo*-Heft von 1982. In seinem unverkennbar subjektiven Stil schreibt Welt: »Ich wohn an der B235, und wenn ich beim Schichtwechsel von OPEL das Fenster aufmache, kann ich mein eigenes Wort nicht verstehen. Aber die Geräusche, die beim Beschleunigen und Bremsen von Kraftfahrzeugen entstehen, halte ich für ehrlicher als den Techno-Pop-Versuch von Metropolis, die mit ihrem Namen an Fritz Langs berühmte Großstadtvision erinnern wollen. *Die Zeit ist ab* ist eine schlechte und daher vollkommen überflüssige Kraftwerk-Imitation, bei der zu allem Überfluss auch noch ›Botschaften‹ vermittelt werden sollen, z.B. die, dass wir Menschen Maschinen sind. Ich sehe aus dem Fenster und schaue aufs OPEL-Werk III.«

Heute würde Welt von seiner Mansarde auf ein Logistikzentrum schauen. Der letzte Bochumer Opel, einst Symbol für den eingeleiteten Strukturwandel, lief 2014 vom Band.

Tag 28, Bochum Alleestrasse

Jörg Fauser hätte auch gut in den Pott gepasst. Das Lied *In einer fremden Stadt*, das der Schriftsteller 1981 für Achim Reichel getextet hat, ist der perfekte Soundtrack zu diesem Bild; von dem Abdruckhonorar für nur vier Zeilen daraus kann ich allerdings meinen Jahresbedarf an Pommes decken. Und da bringt der Imbissmann auch schon den Taxiteller.

Tag 28, Bochum Ruhr Park

Eine letzte Etappe durchs Grüne zum Ruhr Park. Wie schrieb Frank Goosen so schön in *Radio Heimat*: »Was wird im Ruhrgebiet am meisten überschätzt? Das viele Grün! Wir können es nicht mehr hören, wenn die Zugereisten sagen: Ich hätte nie gedacht, dass es hier so viele Bäume gibt! Ja, stellt euch vor, wir haben sogar fließend Wasser!«

Und dazu die besten Einkaufszentren der Bundesrepublik: Nach amerikanischem Vorbild auf der grünen Wiese konzipiert, war der Ruhr Park bei seiner Eröffnung 1964 eine Sensation (S. 149).

Tag 28, Bochum Ruhr Park

Der Ruhr Park ist das zweitälteste Einkaufszentrum Deutschlands – nur das Main-Taunus-Zentrum im Großraum Frankfurt ging ein halbes Jahr eher an den Start.

Nach umfassender Modernisierung ist dem Ruhr Park sein Alter nicht anzumerken, außer vielleicht an den niedrigen Decken in der Parkgarage (da muss ich auf meinem Rad den Kopf einziehen).

Tag 28, Zeche Hannover Bochum-Hordel

Alle Wege führen nach Hannover: Ich weiß nicht, an wie vielen Hinweisschildern ich im letzten Monat vorbeigeradelt bin, auf denen Hannover stand. Auch deshalb lege ich auf meinem Rückweg nach Hannover einen Zwischenstopp an der Zeche Hannover ein. Die liegt in Bochum-Hordel – an der Hannoverstraße!

Tag 29, Dortmund

»Der Himmel ist eine graue Masse. Über den nassen Dächern kreisen die Tauben. Es wird Abend.«
(Wolfgang Komm, *Der Idiot des Hauses*, 1981)

Zurück in Dortmund, leider nur für ein paar Stunden. Auf mich wartet die »Pommesbude mit Gleisanschluss« – so hat Oberbürgermeisterlegende Günter Samtlebe den Dortmunder Hauptbahnhof mal genannt.

Tag 29, Dortmund Hauptbahnhof

Tschüss, Ruhrgebiet! »Die Räder des Zuges singen: raa-a-itsch raa-a-itsch raa-a-itsch.« (Max von der Grün, *Irrlicht und Feuer*, 1963)

Ein Abschiedsbrief

Liebes Ruhrgebiet! *Meine Stadt ist kein Knüller in Reisekatalogen* heißt ein Gedichtband der Gelsenkirchenerin Ilse Kibgis. Ich war in Amerika, Asien und Afrika. Und halb Europa. Und doch war mein liebster Urlaub bei dir! Das sag ich dir ohne Trommelwirbel und Pathos. Im Lehmbruck-Museum las ich letzte Woche ein Zitat von Rodin: »Nur dort ist Schönheit, wo Wahrheit ist.« Das bringt meine Faszination für dich auf den Punkt. Ungeschminkt gefällst du mir sogar am besten. Grönemeyer formulierte das mal ganz ähnlich in einem seiner größten Hits, der genauso gut – sorry, liebe Bochumer – *Gelsenkirchen*, *Duisburg* oder schlicht *Ruhrpott* heißen könnte. Ich muss gestehen, ich hielt Grönemeyers Text immer ein wenig für Folklore. Denn Folklore und Kommerz, auch das habe ich festgestellt, kannst du beides ziemlich gut.

Zur Wahrheit gehört auch Armut. Dir war Armut nie fremd, liebes Ruhrgebiet. Im Großen und Ganzen scheint mir das Zusammenleben aber erstaunlich reibungslos vonstatten zu gehen. Selbst in den vermeintlichen No-go-Areas Duisburgs, Dortmunds oder Essens. Oder in all den von Shoppingmalls abgehängten alten Stadtzentren, in denen sich 1-Euro-Shops und Spielhallen aneinanderreihen. Früher war es dir verboten, eigene Hochschulen zu errichten, heute bist du die dichteste Forschungs- und Bildungslandschaft Europas und die Universität Duisburg-Essen hat deutschlandweit den höchsten Anteil an Bildungsaufsteiger:innen.

Auch bei Baumärkten macht dir keiner was vor. Ich radelte durch immergleiche Gewerbegebiete, habe Baumärkte in einer Vielzahl und Größe gesehen wie nirgendwo sonst, und trotzdem führte mich die Hälfte meiner Radstrecken durchs Grüne: durch Felder, Wälder und Vorortschaften. Dein Phänotyp wechselt oft im Minutentakt. Erik Reger beschrieb dich 1931 als »eine Zone von gewaltiger Gegensätzlichkeit und Weitmaschigkeit, wo seit hundert Jahren alles ein Anfang war und in hundert Jahren noch nichts abgeschlossen sein konnte«. Neunzig Jahre später könntest du in Wörterbüchern unter dem Stichwort »amorph« getrost weiterhin als erstes Textbeispiel geführt werden. Auch Heinrich Hausers Beobachtungen haben sich ihre Aktualität bewahrt: »Es gibt keine Erscheinung auf der Welt, die sich hiermit irgendwie vergleichen ließe.«

Praktisch ist, dass viele deiner Straßen so heißen wie der Ort, zu dem sie führen – bevor sich an den Ortsausgängen »die Städte einander die Straßen« reichen, wie Joseph Roth schon 1926 festhielt. Aus der Herner wird die Bochumer Straße, aus der Mülheimer die Duisburger. Und so weiter. Dazu hast du die allerbesten Straßenna-

men: Ich kam durch Straßen, die heißen Schöngelegen und Vollmondstraße, Dickebank und Große Geldstraße, Feierabend- und Familienstraße, Zum Familenwohl und Wolfsbankstraße. Kurioserweise gibt es bei dir auch eine Tangabucht, eine Busenbergstraße und – nur konsequent – einen Spannerweg. Mein liebster Gaststättenname: Zur Zornigen Ameise, in der gleichnamigen Straße. Und in Duisburg gibt es einen Heimweg!

Liebes Ruhrgebiet, du kostest mich ganz schön viele Zeilen! Ich möchte dir noch erzählen, wie ich einige Dinge bei dir zum ersten Mal gemacht habe: Über Steinkohlehalden radeln zum Beispiel, in mehreren Städten an einem Tag sein (und das völlig normal finden), einen Monat am Stück in Hotels schlafen, mich in den drei unattraktivsten Städten Deutschlands pudelwohl fühlen, den Sonnenuntergang am größten Binnenhafen der Welt genießen, im größten Kinosaal Deutschlands sitzen, mich am irgendwann vertraut gewordenen Geruch der Emscher orientieren können, im Waschsalon waschen, Pusztetten essen oder Yuzu-Tee trinken. Deine vielen Gegensätze hat Max von der Grün 1992 gut zusammengefasst: »*Das* Ruhrgebiet gibt es im Grunde nicht. Das Besondere des Reviers liegt vielmehr darin, daß hier alles enger beieinander liegt und heftiger aufeinanderprallt: Glanz und Elend, Altes und Neues, Verrücktes und Biederes.«

Ein Auto fehlte mir nie. Leider waren mir und meinem Rennrad nicht alle Autofahrer wohlgesonnen. Du bleibst Autofahrerregion! Selbst in der Hafenstadt Duisburg: Auf einer Hafenrundfahrt erklärte der Kapitän das Credo der Binnenschiffer: »Alles, was weiter weg ist, als mein Auto lang, wird gefahren!« Das scheint mir nicht bloß das Credo der Binnenschiffer zu sein. In Wattenscheid zum Beispiel sind vielerorts nicht einmal die Bordsteine abgeflacht und auf den Bürgersteigen gibt es Schlaglöcher zuhauf. Dafür entschädigst du mit dem ersten Radschnellweg RS1, mit Fahrradraststätten und beradelbaren Bahntrassen und hast mit Essen eine der radfreundlichsten Städte, die ich erlebt habe. Und so viel geballte Kultur und tolle Museen wie bei dir gibt's sonst maximal in Berlin!

Andreas Rossmann notierte, du laborierest bis heute an der großen Frage, ob du Stadt oder Land, eine Ansammlung von Vor- oder Zwischenstädten, viele Städte oder *eine* große Stadt, Ballungsraum oder Megalopolis, Moloch oder Metropole bist. Nilz Bokelberg, der mich zu dieser Reise animiert hat, resümierte in der *taz*: »Du bist im Grunde genommen eine einzige riesige Vorstadt. The biggest suburb of the universe. Und, ganz eventuell, der beste Platz zum Leben.«

Die ersten beiden Sätze sind Quatsch. Aber der letzte Satz, der ist wahr!

»Jeden Abend habe ich mir gewünscht, mit neuen Augen aufzuwachen, jeden Tag neu zu erleben, mit Augen, die das Wundern noch nicht verlernt haben. Man gewöhnt sich schnell, viel zu schnell.«
(Heinrich Hauser, *Schwarzes Revier*, 1930)

Ein Traum in bunt

Dieses Buch war nicht geplant und ist in vielerlei Hinsicht ein Zufallsprodukt. Als ich das erste Mal an eine Publikation dachte, war ich bereits einmal quer durchs Ruhrgebiet geradelt. Ich hätte einiges anders gemacht, wenn ich die Reise als journalistisches Buchprojekt vorbereitet hätte: zum Beispiel Gesprächstermine vereinbart, bedachter recherchiert, mich nicht mit dem männlich dominierten Kanon der Ruhrgebietsliteratur begnügt und mehr mit den Ilse Kibgis des Ruhrgebiets beschäftigt. Die Lyrikerin aus Gelsenkirchen-Horst beklagte 1991 beim *Zeit*-Korrespondenten Roland Kirbach, die großen Ruhrgebietsautoren könnten sich bequem »morgens um acht an die Schreibmaschine setzen; die haben ja Frauen, die sie umsorgen«. Sie selbst hingegen müsse »sich die Zeit fürs Schreiben von der Hausarbeit abknapsen«.

Dies sind einige Erklärungen dafür, weshalb es diesem Buch an Diversität mangelt – im Literaturverzeichnis wie auch bei den Gesprächspartner:innen. Dabei war der Hauptanreiz für mich, das Ruhrgebiet überhaupt kennenzulernen, die kulturelle Vielfalt. Und damit meine ich nicht bloß Museen und Musikveranstaltungen, sondern die verschiedensten Aspekte jahrhundertelanger Zuwanderungskultur. Im Ruhrgebiet von Einheimischen oder Alteingesessenen zu reden ist eigentlich paradox: Menschen, deren Familien schon vor der Industrialisierung an Ruhr und Emscher lebten, sind deutlich in der Minderheit. Diskriminierung hat es zu jeder Zeit gegeben und betraf und betrifft auch diejenigen, die längst mitten in der Gesellschaft angekommen sind und deren Geschichten heute als migrantische »Erfolgsstorys« erzählt werden. Das Paradebeispiel ist der Mythos der »Ruhrpolen«, von denen einige derart anpassungswillig waren, dass sie für fünf Mark pro Buchstabe – locker mal eine komplette Lohntüte – ihre Namen eindeutschen ließen, um nicht weiter verhöhnt und benachteiligt zu werden.

Die endlos wiedergekäuten Integrationsdebatten täuschen darüber hinweg, dass Vielfalt kein zu bewältigendes soziales Problem ist. Vielfalt ist das Fundament einer pluralen Gesellschaft! »Man muss im Leben Mensch bleiben, alles andere ist Kokolores«, betonte seinerzeit schon Jürgen von Manger. Ich hoffe dieses Buch spiegelt meine Faszination für ein buntes und interkulturelles Ruhrgebiet wider und ich entschuldige mich bei allen Stimmen, die ich überhört und übersehen habe. Eine gute Gelegenheit noch einmal darauf hinzuweisen, dass mit Enis Maci eine junge feministische Autorin aus Gelsenkirchen den Literaturpreis Ruhr 2020 erhalten hat. Ein klügeres Buch (neben den Gedichten von Ilse Kibgis, die ich hiermit allen ans Herz legen möchte) als ihr vielstimmiges Sprachkunstwerk *Eiscafé Europa* werdet ihr in meinem Literaturverzeichnis nicht finden. Schade, dass ich es zu spät entdeckt habe, um es mit auf die Reise zu nehmen. Denn die Fragen, die Maci aufwirft, sind zeitlos und betreffen mich genauso wie ehedem Böll und Chargesheimer:

»Ich sage, es ist nötig, die Vergangenheit und ihre Bewohner zu studieren, wie man eine Landkarte studiert. Ich sage, es ist nötig zu verstehen, dass eine Landkarte nur eine Annäherung ist, dass [...] sie immer die Verzerrung des Abgebildeten bedeutet, die in dem Moment, in dem man die Landkarte mit dem Abgebildeten verwechselt, seine eigene wird. Ich sage, dass jede Landkarte nicht mehr ist als ein weiterer in einer Reihe sich stetig verbessernder Versuche.«

Böll behauptete, dass fünfzig Jahre nötig wären, »um ein solches Gebiet als Schriftsteller vollständig darstellen zu können«. Und selbst dann würde der Pförtner der letzten Zeche wahrscheinlich Recht behalten: Das Ruhrgebiet versteht keiner!

»ein Standpunkt
sollte auch mal
versetzt werden«
(Ilse Kibgis)

»Endlich wieder farbiges Licht
Endlich wieder freie Sicht«
(International Music)

»Die Reise ist aus.«
(Wolfgang Komm)

Auswahlbibliografie

Marc Augé, Nicht-Orte, München 2010

Hans Dieter Baroth, Das Revierbuch, Köln 1985

Hans Dieter Baroth, Das werde ich nie vergessen: Geschichten aus dem Ruhrgebiet, Essen 2005

Fakir Baykurt, Nachtschicht und andere Geschichten aus Deutschland, Zürich 1984

Fakir Baykurt, Duisburg Treni (Der Zug nach Duisburg), Istanbul 1986 (Übersetzung: Nesrin Tanç/Interkultur Ruhr)

Bernd und Hilla Becher, Typologien industrieller Bauten, München 1990

Laurenz Berges, 4100 Duisburg. Das letzte Jahrhundert, Köln 2020

Christoph Biermann, Wenn wir vom Fußball träumen: Eine Heimreise, Köln 2014

Heinrich Böll, Der Zug war pünktlich, München 1977

Heinrich Böll, Chargesheimer, Im Ruhrgebiet, Köln 1958

Rainer Bonhorst, Dr. Antonia Cervinski-Querenburg: Daaf ich Sie noch ma wat lernen – Ruhrdeutsch mit der bekannten Sprachforscherin, Bottrop 2010

Ulrich Borsdorf, Rolf Kania (Hg.), Ruhrlandmuseum, Josef Stoffels – Bergwerke, Essen 1990

Joachim Brohm, Ruhr: Fotografien 1980-83, Göttingen 2007

Walter Brune, Rolf Junker, Holger Pump-Uhlmann (Hg.), Angriff auf die City: Kritische Texte zur Konzeption, Planung und Wirkung von integrierten und nicht integrierten Shopping-Center in zentralen Lagen, Düsseldorf 2006

Marco d'Eramo, Die Welt im Selfie: Eine Besichtigung des touristischen Zeitalters, Berlin 2018

Lena Fiedler, Helene von Schwichow, Ruhrtopien: Zwei Reisen in die größte Stadt Deutschlands, Köln 2020

Richard Gessner, Ein Maler sieht das Ruhrgebiet, Düsseldorf 1953

Frank Goosen, Radio Heimat: Geschichten von zuhause, Frankfurt am Main 2010

Stefanie Grebe, Theo Grütter (Hg.), Chargesheimer – Die Entdeckung des Ruhrgebiets, Köln 2015

Stefanie Grebe, Theo Grütter (Hg.), Albert Renger-Patzsch – Die Ruhrgebietsfotografien, Köln 2018

Max von der Grün, Irrlicht und Feuer, Recklinghausen 1963

Jan-Henrik Gruszecki, Reinaldo Coddou H., Treffpunkt Trinkhalle, Mannheim 2018

Gregor Gumpert, Ewald Tucai (Hg.), Ruhr.Buch – Das Ruhrgebiet literarisch, München 2009

Bodo Harenberg (Hg.), Chronik des Ruhrgebiets, Dortmund 1987

Heinrich Hauser, Schwarzes Revier, Berlin 1930 (Neuauflage: Bonn 2010)

Rainer Henselowksy (Hg.), Vom Kohlenpott zur Metropole Ruhr, Essen 2007

Franz Hohler, Idyllen, Neuwied und Berlin 1970

Michael Holzach, Deutschland umsonst: Zu Fuß und ohne Geld durch ein Wohlstandsland, Hamburg 1982

Peter Jakubowksi, Robert Kaltenbrunner, Die Stadt der Zukunft: Wie wir leben wollen, Berlin 2018

Christine Kämmerer, Tim Rieniets (Hg.), Architektur der 1950er bis 1970er Jahre im Ruhrgebiet: Als die Zukunft gebaut wurde, Dortmund 2019

Ilse Kibgis, Meine Stadt ist kein Knüller in Reisekatalogen: Gedichte, Oberhausen 1984

Roland Kirbach, Revierbesichtigung: Wie der ZEIT-Korrespondent das Ruhrgebiet sieht, Essen 1989

Roland Kirbach, Mittendrin: Innenansichten des Ruhrgebiets, Bonn und Berlin 1992

Roland Kirbach, Jenseits von Krupp und Kohle: Unterwegs im neuen Ruhrgebiet, Bonn 1996

Alfred Klausmeier, Das Ruhrgebiet – Umrisse und Akzente seiner Geschichte und Gegenwart, Gütersloh 1984

Hilmar Klute, Was dann nachher so schön fliegt, Köln 2018

Wolfgang Komm, Der Idiot des Hauses, Frankfurt am Main 1981

Wolfgang Körner, Nowack, Düsseldorf 1969

Brigitte Kraemer, Am Kanal, Essen 2005

Reinhard Krause, Frank Goosen, Woanders is auch scheiße! Das Ruhrgebiet in den 1980er Jahren, Köln 2017

Konrad Lischka, Frank Patalong, Die wunderbare Welt des Ruhrpotts: Dat Schönste am Wein is dat Pilsken danach, Köln 2011

Enis Maci, Eiscafé Europa: Essays, Berlin 2018

Johny Pitts, Afropäisch – Eine Reise durch das schwarze Europa, Berlin 2020

Josef Reding, Zwischen den Schranken, Baden-Baden 1967

Josef Reding, Menschen im Ruhrgebiet: Berichte – Reden – Reflexionen, Wuppertal 1974

Erik Reger, Union der festen Hand, Hamburg 1931

Andreas Rossmann, Der Rauch verbindet die Städte nicht mehr – Ruhrgebiet: Orte, Bauten, Szenen, Köln 2012

Erika Runge, Bottroper Protokolle, Frankfurt am Main 1968

Jörg Sartor, Schicht im Schacht: Verarmung, gescheiterte Integration, gespaltene Gesellschaft – der Niedergang des Ruhrgebiets. Eine Streitschrift, München 2019

Wilhelm Schürmann, Wegweiser zum Glück: Bilder einer Straße, 1979–1981, Ostfildern 2012

Dietrich Schulze-Marmeling, Werner Steffen, Borussia Dortmund – der Ruhm, der Traum und das Geld, Göttingen 1994

Gerhard Spörl, Groß denken, groß handeln: Wandel, Bruch, Umbruch: Wie das Ruhrgebiet sich neu erfindet, München 2017

Johannes Springer, Christian Steinbrink, Christian Werthschulte (Hg.), Echt! Pop-Protokolle aus dem Ruhrgebiet, Duisburg 2008

Ralf Thenior, Ja, mach nur einen Plan, München und Hamburg 1988

Lucas Vogelsang und Joachim Król, Was wollen die denn hier?, Hamburg 2019

Günter Wallraff, Industriereportagen: Als Arbeiter in deutschen Großbetrieben, Hamburg 1970

Wolfgang Welt, Buddy Holly auf der Wilhelmshöhe, Frankfurt am Main 2006

Wolfgang Welt, Martin Willems (Hg.), Die Pannschüppe und andere Geschichten und Literaturkritiken, Meine 2020

Wolfgang Welt, Martin Willems (Hg.), Kein Schlaf bis Hammersmith und andere Musiktexte, Meine 2020

Roger Willemsen, Deutschlandreise, Frankfurt am Main 2002

Michael Wolf, Bottrop-Ebel 76, Berlin 2012

GEO special Ruhrgebiet, Hamburg 1989

Langenscheidt Lilliput Ruhrpott-Deutsch, München 2019

Merian Ruhrgebiet, Hamburg 1980

Merian Ruhrgebiet, Hamburg 1993

Merian extra – Das neue Ruhrgebiet, Hamburg 2001

Ruhr Gebiete – Menschen am Fluss, Hamburg 2019

Zitate und Fotos mit freundlicher Genehmigung von Christoph Biermann, Andreas Böttcher, Werner Boschmann, Lars Breuer, Peter Brüne, Lena Fiedler, Franz Hohler, Hilmar Klute, Peter Krauskopf, Günter Perske, Petra Reski, Gerhard Spörl, Helene von Schwichow, Ralf Thenior, Lucas Vogelsang, Arnold Voß, Carl Otto von und zu Westerholt-Gysenberg, BERO-Einkaufszentrum Oberhausen/Architekt Bernhard Reiser von Mesa Developement, Borussia Dortmund, CentrO Oberhausen, Deutsches Bergbau-Museum Bochum, Fritz-Hüser-Institut für Literatur und Kultur der Arbeitswelt, Gasometer Oberhausen, Henrichshütte Hattingen, Interkultur Ruhr, Konsortium Düsseldorf und Köln, Lehmbruck Museum Duisburg, Märkisches Museum Witten, Maritim Hotel Gelsenkirchen, *Merian*-Magazin, Osthaus Museum Hagen, Rhein-Ruhr-Zentrum Mülheim, Verlag Henselowsky Boschmann sowie Kurt und Roswitha, der Welt-Nachfolgerin Frau Kiszka und Karin und Nicole vonne Marxloher Pommesbude.

Danke an: Alle Menschen, die mich auf meinen Reisen inspirieren. Duška Boban, die mich auf die Idee gebracht hat, den Sommer im Ruhrgebiet zu verbringen. Sufjan Stevens, der mit seinem Konzert im Essener Colosseum der zündende Funke meiner Faszination für den Kohlenpott war. Lea, die das Wort »Ruhrgebiet« rekordverdächtig oft zu hören bekommt. Jens Dirksen, der von einem Buchtitel mit Böll abriet. Lila für das abstürzende Auto und die anderen wundervollen Illustrationen. Die Jungs von Lindenrad, dass meine einzige Panne auf rund 1.500 Kilometern eine herausgesprungene Kette war. Andreas, der diesem Buchprojekt alle Freiheiten gelassen hat. Andrea für die spontane Umschlaggestaltung. Martin für die Wolfgang-Welt-Expertise. Werner Boschmann für die Pommes frites in Bottrop-Ebel. Wolfram, der mir ein Ur-Dortmunder Wort mit auf den Weg gegeben hat (»woll?«), das mir dann nie begegnet ist. Und meine Eltern, die immer da sind und nach ganz vorne gehören.

Foto: Saskia Karl

Stefan Thoben, 1981 in Oldenburg geboren, lebt als freier Journalist in Hannover und Berlin, hat für das Lifestyle-Magazin *VICE*, die *WAZ* und die *Langendreerer Dorfpostille* geschrieben, für das Footballmagazin *HUDDLE* von vier Super Bowls berichtet und Stars wie Tom Brady, Justin Timberlake, Beyoncé und Colin Kaepernick vor die Linse bekommen. Seit seiner Radtour durch das Ruhrgebiet ist es sein liebstes Ausflugsziel. Impressionen seiner Reisen sind auf Instagram unter @kaleidostob zu finden.

Wolfgang Welt

Die Pannschüppe

und andere Geschichten und Literaturkritiken

Als Wolfgang Welt (1952–2016) Anfang der 70er Jahre die Bücher von Peter Handke, Franz Kafka und Hesses »Steppenwolf« liest, ist alles klar: Er will Schriftsteller werden – unbedingt. Welt beginnt mit Rezensionen und Porträts, über die Hermann Lenz sagt: »Da gibt's keinen lahmen oder gleichgültigen Satz«. 1981 entsteht im automatic-writing-Verfahren der erste Prosatext, »Buddy Holly auf der Wilhelmshöhe«. Der Titel umfasst zwei zentrale Pole seines Schreibens: Musik und Leben. Sein persönliches Leben macht Wolfgang Welt zu Literatur. In »Einmal Tchibo und zurück«, »Der Tele-Fick«, »Das dritte Ei« oder dem unvollendet gebliebenen Roman »Die Pannschüppe«. Wie diese Geschichten klingen? Ihr Sound ist unverwechselbar, lakonisch-lässig, immer geradeaus. Zwischen den Zeilen: staubtrockener Humor.

Herausgegeben von Martin Willems

»Der größte Erzähler des Ruhrgebiets« *Willi Winkler*

»Wolfgang Welts Bücher sind alles, was der Fall ist. Sie verkörpern zuletzt ein einziges Buch: das Buch Wolfgang Welt« *Peter Handke*

Wolfgang Welt: Die Pannschüppe
Klappenbroschur 14,0 x 21,5 cm, 400 Seiten, zahlreiche (teilweise farbige) Abbildungen und QR-Codes zu O-Tönen von Wolfgang Welt
ISBN 978-3-945715-82-6

Beatrix Flatt

Grenzenlos

Begegnungen am Grünen Band

Das Grüne Band reicht vom Dreiländereck bei Hof bis zur Ostsee. Es ist ein Mahnmal und Friedensprojekt. Der Dreiklang aus Naturschutz, Grenzgeschichte und Kultur macht es einzigartig. Dort wo sich zu Zeiten des Kalten Krieges feindliche Armeen aufgerüstet gegenüberstanden, darf sich seit dem Herbst 1989 die Natur entfalten. So wurde aus dem ehemaligen Todesstreifen eine Lebenslinie. Das Grüne Band ist der längste Biotopverbund Deutschlands und gleichzeitig eine Erinnerungslandschaft für geschleifte Dörfer, zwangsumgesiedelte Familien, Flucht und Fluchtversuche, Grenzsoldaten mit Schießbefehl und für Bürger, die sich in ihrer Heimat nicht frei bewegen durften.
Beatrix Flatt wanderte 63 Tage mit Rucksack, Laptop und großer Neugier 1.400 Kilometer entlang der ehemaligen innerdeutschen Grenze. Sie sprach mit Menschen, die am Grünen Band leben, arbeiten oder sich dort engagieren. Die Reportagen berichten vom Engagement und der Kreativität seiner Bewohner fernab der Metropolen, aber aus der Mitte Deutschlands.

Beatrix Flatt: Grenzenlos
Klappenbroschur 14,5 x 21,5 cm, 224 Seiten, mit zahlreichen vierfarbigen Fotos
ISBN 978-3-945715-89-5

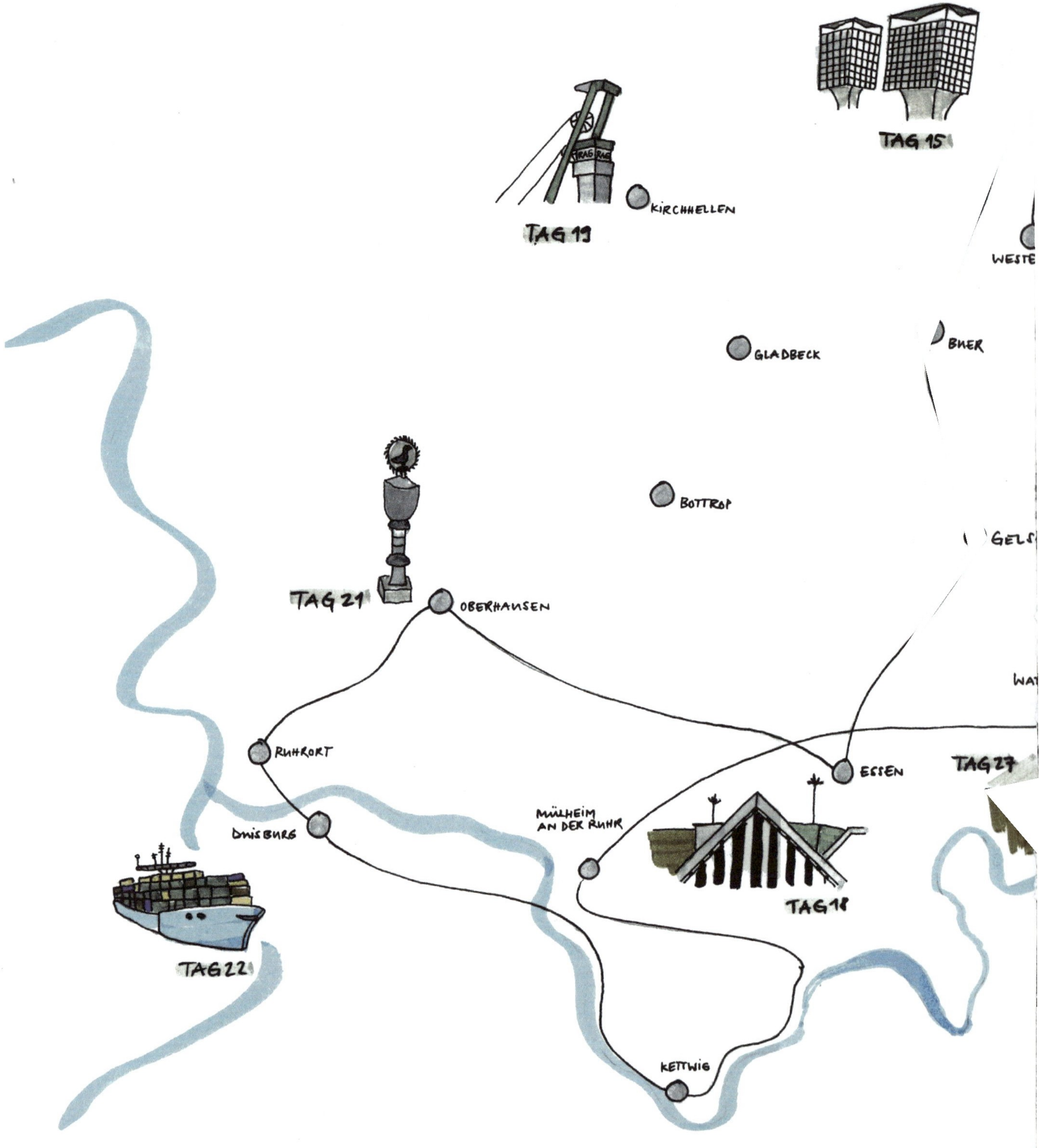
TAG 15
KIRCHHELLEN
TAG 19
GLADBECK
BUER
BOTTROP
TAG 21
OBERHAUSEN
RUHRORT
ESSEN
TAG 27
MÜLHEIM
AN DER RUHR
DUISBURG
TAG 18
TAG 22
KETTWIG